乘火车游西部设计指南

中国铁路兰州局集团有限公司　编著

中国铁道出版社有限公司
2022年·北　京

内 容 简 介

中国铁路兰州局集团有限公司推出“铁路+旅游”模式，将自然美景、城市发展、历史文化与铁路运输紧密结合，开行客运旅游专列，使旅客能够“乘着火车看世界”。本书为“铁路+旅游”模式的旅游专列提供设计指南，包括:“火车+旅游”——线下时代的旅游平台，火车平台的发展——高品质列车新概念，“火车游”——构建旅居时代的新平台，“环西部火车游”未来之发展——打造旅居生活 实现客运增量。书中全面介绍了国内外旅游专列发展情况，多角度分析了兰州局集团公司铁路旅游列车品牌从开发到发展到延伸的设计过程，对促进我国铁路客运发展具有积极意义。

本书可供铁路客运管理人员阅读，也可供热爱铁路旅游的读者阅读。

图书在版编目（CIP）数据

乘火车游西部设计指南/中国铁路兰州局集团有限公司编著. —北京：中国铁道出版社有限公司，2022.1
ISBN 978-7-113-28683-5

Ⅰ. ①乘… Ⅱ. ①中… Ⅲ. ①旅游指南-西北地区②旅游指南-西南地区 Ⅳ. ①K928.94

中国版本图书馆CIP数据核字（2021）第265508号

书　　名：**乘火车游西部设计指南**
作　　者：中国铁路兰州局集团有限公司

责任编辑：杨　哲　安　琪　　**编辑部电话**：（010）51873657
编辑助理：李纯一
封面设计：刘　莎
责任校对：孙　玫
责任印制：高春晓

出版发行：中国铁道出版社有限公司（100054，北京市西城区右安门西街 8 号）
网　　址：http://www.tdpress.com
印　　刷：中煤（北京）印务有限公司
版　　次：2022 年 1 月第 1 版　2022 年 1 月第 1 次印刷
开　　本：889 mm×1 194 mm 1/20　**印张**：9　**字数**：113 千
书　　号：ISBN 978-7-113-28683-5
定　　价：98.00 元

编　委　会

前　言

近年来，伴随着背包客、民宿游、目的地游等旅游方式的兴起，旅游已经成为人民美好生活中的重要组成部分，越来越多的人将旅游作为工作与家之外的第三生活空间。面对自助游、线上旅游平台迅猛发展时代的重大变革，伴随着高铁时代的新机遇，后疫情时代旅游如何在严峻的挑战下寻找突破口，铁路旅游作为一个包车团游创造者和先行者将面临新的挑战。

我国西部旅游资源丰富，是中华文明的重要发祥地，是丝绸之路的黄金地带，特别是敦煌文化旅游，吸引着全国人民的目光。而铁路作为新丝路的载体，有着无可比拟的优势。“环西部火车游”从旅客痛点出发，在设计、文化、环境等人文体验上，将旅游资源与列车出行体验相结合。列车上开辟各种场景，让游客的旅行空间成为自由舒适的第三空间。

兰州局集团公司依托管内丰富的文旅资源，始终致力于旅客列车开行与旅行生活融合实践。从2012年打造“敦煌号”列车等普速品牌列车客运产品到2018年“环西部火车游”旅游产品的推出，兰州局集团公司客运业务向各个方向延伸和创新实践，积累了一些经验，也走了一些弯路，但最终实现了从提升客运服务质量完成“人·公里”位移产品的初衷到为大众提供美好旅行生活的“火车游”产品蜕变，“一列车·一张图·一种游”的“火车游”新理念已初步变为现实。

在本书撰写过程中，编者查阅了大量文旅资料，整理兰州局集团公司品牌列车创建

与“环西部火车游”旅游列车产品设计、组织、营销销售等实践经验。全书从铁路客运、国内旅游发展以及铁旅企业经营等三个视角介绍铁路旅游，最后对兰州局集团公司“环西部火车游”产品进行了说明。成书过程中，我们借鉴了兄弟铁路局集团公司旅游列车发展做法，甘肃省文化和旅游厅给予了我们大力支持，在此我们表示衷心的感谢。

如果本书能够帮助从事相关客运、铁旅行业的人员对“火车游”进行深入思考，将是我们最大的光荣。

编　者

2021 年 12 月

目　录

第一章

“火车 + 旅游”

——线下时代的旅游平台

第一节　如意甘肃和神奇宁夏

敦煌市
嘉峪关市
高台县
张掖市
金昌市
武威市
银川市
中卫市
白银市
固原市
兰州市
定西市
平凉市
天水市
宕昌县
陇南市

一、甘肃

2017 年，甘肃省被世界知名媒体《孤独星球》评为“2017 亚洲最佳旅行目的地”榜单第 1 位。

○动车组穿越雅丹地貌

1. 旅游资源

地域文化的构成要素主要包括三个因素：一是自然地理文化特征，包括本区域的地质环境、气候条件、季节变化等自然因素；二是历史文化特征，包括本地居民的民俗礼仪、生活方式、风土人情等人文因素；三是传统地域文化艺术元素。就这三个因素而言，甘肃地域文化优势得天独厚，有 7 处世界文化遗产、9 座中国优秀旅游城市、4 座国家级历史文化名城、83 个国家级非物质文化遗产、153 处国家级重点文物保护单位。甘肃具有悠久丰富的历史文化资源，如丝路文化、彩陶文化、长城文化、石窟文化、红色文化、藏文化等。不但有大漠戈壁、冰川雪峰、森林草原、砂林丹霞、峡谷溶洞等自然奇观，还有莫高窟、嘉峪关城楼、雷台汉墓、黄河铁桥、拉卜楞寺等历史文化遗迹。

（1）7 处世界文化遗产

① 莫高窟

② 嘉峪关

③ 玉门关

④ 麦积山石窟

⑤ 悬泉置遗址

⑥ 炳灵寺石窟

⑦ 锁阳城

（2）9 座中国优秀旅游城市

①敦煌市；②嘉峪关市；③天水市；④兰州市；⑤张掖市；⑥武威市；⑦酒泉市；⑧平凉市；⑨合作市。

（3）4 座国家级历史文化名城

① 敦煌市

○莫高窟

② 天水市

○天水伏羲庙先天殿

③ 张掖市

○张掖七彩丹霞

④ 武威市

○铜奔马

2. 旅游市场

据国家统计局发布数据，2019 年甘肃文化及相关产业增速位列西部省区市第三。2019 年，甘肃省旅游接待人数 3.74 亿人次，旅游综合收入 2 680 亿元，增速分列全国前三和前五位。2020 年受新冠肺炎疫情影响，甘肃省共接待游客 2.13 亿人次，实现旅游收入 1 455 亿元。“十三五”期间，全省累计接待游客 13.2 亿人次，实现旅游收入 8 995 亿元，分别是“十二五”期间的 2.5 倍和 2.82 倍。

3. 敦煌风貌

敦煌是古丝绸之路上的名城重镇，地处甘肃、青海、新疆三省区交界处，东接千里“河西走廊”，西通新疆维吾尔自治区，向外延伸到中亚各国，是古丝绸之路上的枢纽城市和商贸重镇，在中西文化交流史上具有突出地位。敦煌，也是著名的人类文化宝库。历史上的敦煌是人类四大文明的交汇点，莫高窟是世界上两项符合世界文化遗产全部六项标准的文化遗存之一。提到西部旅游，敦煌是理想的目的地。2016 年由甘肃省人民政府、文化部、国家新闻出版广电总局、国家旅游局、中国贸促会共同主办丝绸之路（敦煌）国际文化博览会。之后每年举办一届，甘肃省敦煌市为永久会址。

敦煌市旅游局发布的 2017 年 7 月来敦游客年龄占比分布图显示，“50 后”“60 后”后占比达到 27%，可见敦煌旅游客群中年龄相对偏高一些。

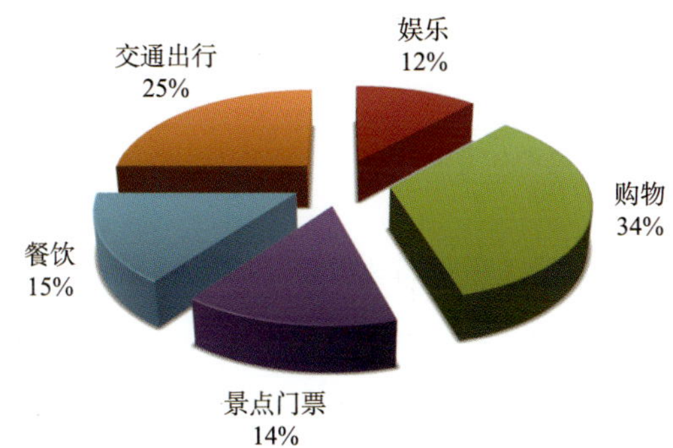

○ 2017 年 7 月敦煌旅游消费占比

2017 年 7 月来敦旅游人群中，散客人数 36.06 万人，占比 86.94%，团队人数 5.42 万人，占比 13.06%，同比三年数据敦煌旅游散客化趋势明显。

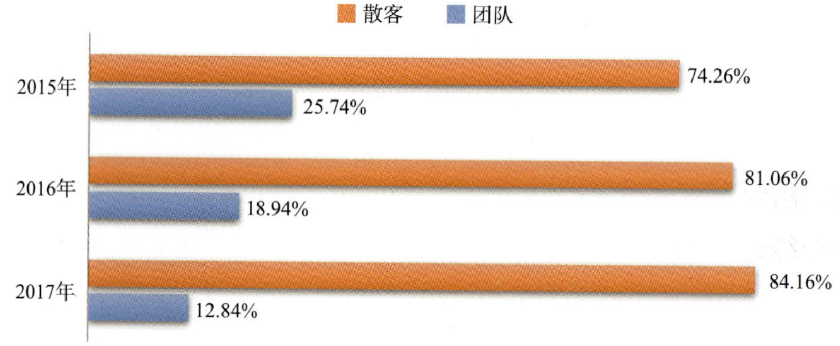

○ 2015—2017 年上半年敦煌旅游分布

2017 年 7 月来敦自驾游客 21.71 万人，占来敦游客的 60.34%。自驾旅游客群不可忽视。敦煌旅游客群呈现散客化趋势，在关注团游客户的同时，自由行旅游方式或与散客化趋势有较大贴合度。

敦煌旅游市场是文化旅游的核心代表，文化旅游是当前国家旅游产业化的主题，2018 年 4 月国家政府机关文化和旅游部挂牌，就是二者的统一。随着现代旅游业进入“大产业、大融合、大发展”新常态时代，人们对文化旅游产品需求的不断增加，文化旅游产业链也在不断延伸和增强。

敦煌文化是甘肃旅游的特点也是核心优势。旅游是一种高品质的生活方式，追求的是旅游者的满足感。希拉里·迪克罗在《文化旅游》中提到了“成功吸引物”一般具备的五点：讲述一个故事、使资产活态化、使体验具有可参性、注重品质、使产品与旅游者具有相关性。同一地域内，相同或相似旅游资源形成的旅游目的地由于地域相近，客源市场相同，极易造成游客分流。过去在开发旅游市场的时候没有把文化的优势融进去，结合不好，丝路快车和旅游列车中，各种旅游元素如超市、足浴、动感单车、电影院等上了许多，然而同质化严重，标准不高，没有特色，虽投入资金较多却很难形成市场。

文化作为人类文明的结晶，不能只是作为一个简单的招牌而存在，需要不断地深入挖掘其内涵，才能带来吸引力。也正是如此，一个经过深入挖掘的文化从不同方面所展现出的魅力，就如同美丽景观四季皆不同一样，会让人流连忘返。文化是核心，文化就要成为赋能的主体，这种赋能应该是流量的吸引和体验的核心平台。文化与旅游间缺少平台，就无法把高度变成市场的宽度，反而成了阳春白雪般的曲高和寡。对经营者而言，旅游是文化性很强的经济产业，但对旅游者而言，旅游活动是经济性很强的文化活动。如果旅游的目的只是下车拍照晒朋友圈，那就是一次性的需求，就是文化旅游市场宽度的缺失。

二、宁夏

1. 旅游资源

宁夏是丝绸之路北线的重要组成部分，包含了类型多样的地势地貌，有连绵起伏的山地，有千沟万壑的黄土高原，有浩瀚无垠的沙漠，有一望无际的平原，有波涛滚滚的大河，又有烟波浩渺的湖泊。全区有 1 处世界灌溉工程遗产，1 座中国优秀旅游城市，1 座国家级历史文化名城，28 个国家级非物质文化遗产，36 处国家级重点文物保护单位。

（1）1 处世界灌溉工程遗产

引黄古灌区。

（2）1 座中国优秀旅游城市

银川市。

（3）1 座国家级历史文化名城

银川市。

○贺兰山岩画

○镇北堡影视城

2. 旅游市场

2020年国庆中秋假日期间，宁夏回族自治区文化和旅游市场总体运行平稳、安全有序，全区共接待国内游客357.29万人次，实现旅游收入19.66亿元，分别恢复至2019年同期的99.03%和76.56%。2020年国庆中秋假期，全区各地开展了丰富多彩的文化和旅游活动，据大数据显示，旅游热度较往年暴涨360%，银川成为北上广深游客的热搜城市，中卫市成为全国十大网红目的地。沙坡头景区由于星星酒店的带动，成为游客热门打卡地。

○沙坡头

第二节　旅居时代的到来

一、铁路旅游视角下旅游发展

自1978年中国实行改革开放以来，旅游业跟随国家战略，不断嵌入改革开放和经济社会发展的进程，快速发展，经历了四大阶段。

1. 起步阶段——周边游

国务院出台了第一个关于旅游业发展的战略性文件——《关于加强旅游工作的决定》（1981 年国务院 80 号文件）。文件有两个定位：第一个是双重性质双重目标，“旅游事业在我国既是经济事业的一部分，又是外事工作的一部分”；第二个是把旅游放在经济领域中比较、调试后的定位，“旅游事业是一项综合性事业，是国民经济的一个组成部分”。这个时代的旅游产业主要是以入境游为主，为国家争取外汇，例如铁道部 1983 年首次组织的“东方列车”号旅游专列。大众旅游基本为小众的，受计划经济的约束，特别是在粮票等票证制度下，旅游当中“吃”的问题不能有效解决，旅游和人民群众是“绝缘”的。这时候的大众旅游特点就是以家门口的“周边游”为主。从总体看，这一时期我国旅游业仍以入境旅游为主，国内旅游市场还没有形成。

2. 高速成长阶段——目的地游

1992 年，邓小平发表南方谈话，党的十四大明确提出建立社会主义市场经济体制的目标，作出了关于加快第三产业发展的决定。旅游业随着国家市场机制的完善而转型，1995 年我国开始实行周末双休制度，为释放潜力巨大的旅游需求创造了新条件。1997 年中国铁路一次大提速完成，列车出现了夕发朝至的运输产品，同时开行数百列旅游专列。旅行社、旅游门店开始蓬勃发展。大众旅游兴起，铁路旅行社企业以渠道为王大力发展旅游专列。1999 年我国实施“黄金周”休假制度，国内旅游呈现爆发式增长的态势。2009 年国务院印发《关于加快发展旅游业的意见》，要求“落实带薪休假”制度“优化旅游消费环境”“推动旅游产品多样化发展”。大众旅游风生水起，旅游市场繁荣兴旺。绿皮火车是当时的高速交通工具，坐上卧铺车，一本书，一杯茶，一车人天南海北聊得热火朝天。这个时代特点是目的地游，北京、西安、洛阳等名胜古迹多的城市成了热门目的地。

3. 成熟阶段——自助游

2009 年中国高速铁路借助国家战略快速建设发展，智能手机移动客户端逐步普及。旅游业以主动与新型工业化、信息化、城镇化和农业现代化相结合的更大格局，以对经济社会文化生态多方协同的改革精神，全面融入国家战略体系，在推动“旅游+”“大旅游”“全域旅游”的过程中，转型升级形成了新格局。大众旅游向着自助游时代发展。

4. 跨界融合阶段——深度自由行

2018 年，文化和旅游部发布的《关于提升假日及高峰期旅游供给品质的指导意见》指出：“推进优质供给、弹性供给、有效供给，切实提升旅游资源开发、产品建设和服务管理水平，持续推动我国旅游高质量发展，更好地满足人民群众日益增长的旅游美好生活需要。”从 2018 年开始，即以改革开放 40 周年为重要标志，中国旅游迈入第四个阶段，即中国旅游 4.0 阶段——跨界融合阶段。以互联网、物联网、大数据、智能化等现代科技为支撑，通过旅游供应链上下游利益相关者线上线下的平台化运营实现跨界融合，迈向以跨界发展、全域旅游为标志的新时代。人们开始追求不同于游离在家庭生活和工作之外的第三空间。旅游不断衍生出工业旅游、体育旅游、研学旅游、中医药健康旅游、科技旅游等新业态、新产品、新供给，旅游不仅涵盖了吃穿住行，更是从“吃住行游娱购”到“商养学闲情奇”发展。人们开始追求更加有品质的旅行，自驾游等一些深度自由行开始被推崇，民宿热、古镇热、西北热，让大家开始重新发现中国旅游文化的美。

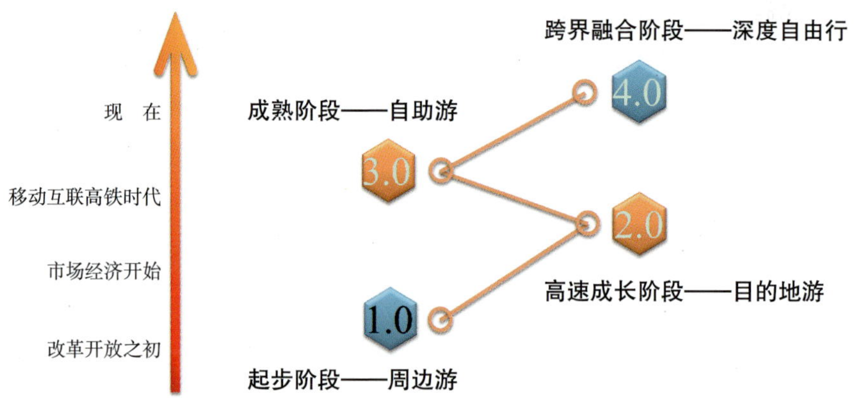

二、近年旅游市场情况

2018 年全年，国内旅游人数达 55.39 亿人次，比上年同期增长 10.8%；入出境旅游总人数达 2.91 亿人次，同比增长 7.8%；全年实现旅游总收入 5.97 万亿元，同比增长 10.5%。全年全国旅游业对 GDP 的综合贡献为 9.94 万亿元，占 GDP 总量的 11.04%。旅游直接就业 2 826 万人，旅游直接和间接就业 7 991 万人，占全国就业总人口的 10.29%。在出行方式上，铁路增速开始高于航空，2018 年国庆黄金周期间铁路累计发送旅客 1.31 亿人次，日均旅客发送量 1 306 万人次，同比增长 10.8%，增速明显高于航空。京沪、沪昆、成渝、广深城际等 44 条高铁线路刷新了开通运营以来的单日客流最高纪录。2019 年全年，国内旅游人数突破 60 亿人次，达到 60.06 亿人次，相比同期增长 8.4%；全年实现旅游总收入 6.63 万亿元，相比同期增长 11%。旅游业对 GDP 的综合贡献为 10.94 万亿元，占 GDP 总量的 11.05%。旅游直接就业 2 825 万人，旅游直接和间接就业 7 987 万人，占全国就业总人口的 10.31%。

这个时期我国的出境游在大规模增长。2018 年中国在线度假市场全自营类交易规模为 846.7 亿元，较 2017 年增长 19.3%。艾瑞数据显示，2018 年中国在线旅游度假市场中，出境游占比继续提升至 53.9%，受到高客单价以及出境游客持续增长的因素影响，出境游占比保持稳定提升态势。但 2020 年受新冠肺炎疫情影响，个人旅行和团队旅行受限，国内外旅游业步入寒冬。随着国内疫情得到控制，国内旅游业开始逐步恢复。由于当前国外疫情仍然继续蔓延，出境游仍处于暂停阶段，在中短期内不具备经营条件，因此出境游客源将转为国内游客源。国内旅游特别是一直受新冠肺炎疫情影响较小的西部地区成为旅游新宠。

第三节　铁路旅游列车的发展

一、国外旅游列车特点

国外铁路旅游发端于工业革命，随着铁路建设而发展壮大，

20 世纪 20 年代迎来了以“东方快车”为代表的第一个黄金发展期，后来曾一度衰落，20 世纪 70 年代后开始复兴，内容和形式日趋完善，一些经典的铁路旅游线路成为深受游客喜欢的经久不衰的旅游产品。国外铁路旅游根据交通工具的类型可以分为超豪华列车、特色景观列车、高速列车、怀旧古董列车等。超豪华列车精选特色线路，借助豪华的设施设备提供体贴入微的管家式服务，集优美的景观、丰富的地域文化、多彩的休闲娱乐为一体，其代表有威尼斯辛普朗东方快车、非洲之傲罗沃斯列车、亚洲东方列车等。

○威尼斯辛普朗东方快车

○非洲之傲罗沃斯列车

○亚洲东方列车

特色景观列车多为铁路旅游专线，沿途风景优美，原始神秘，铁路线连接了主要的旅游景观，多为唯一可达的交通工具，车窗设计最大限度满足观景需要，服务内容多样，如瑞士著名的“黄金列车”和“冰河列车”、加拿大落基山观景列车、德国阿尔卑斯列车等。欧洲各国的怀旧古董列车以蒸汽机车和窄轨铁路为代表，多为工业革命的遗产，历史悠久，列车装饰古朴，有浓厚的怀旧气息。运行于巴黎和马赛间的音乐与戏剧旅游列车、比利时布鲁塞尔与阿姆斯特丹之间的“夜总会”列车使游客可以在观赏风景的同时获得艺术和美的享受；英国怀特岛的蒸汽铁路旅游项目通过线路设计、列车服务、交互式的娱乐与休闲项目打破了人们对铁路列车的刻板印象，提高了行程体验的满意度。

○瑞士“黄金列车”

○瑞士“冰河列车”

○加拿大落基山观景列车

○德国阿尔卑斯列车

国外旅游列车均是高端旅游产品，开行特点为：一是堪比五星级宾馆的就寝环境；二是高端美味的车上餐食；三是极高的价格和极少的载客量；四是销售状况极佳，需抽签摇号且中签率低；五是车行速度慢，以途中体验为主。

二、国内旅游专列的发展

1999 年铁道部颁发的《旅游专列运输组织管理办法》（铁运

〔1999〕29号）对旅游专列进行了定义，即旅游专列是指由旅行社或单位要求临时开行并往返全部包用的旅客列车。现执行的《旅游列车开行管理办法》（铁运〔2007〕232号）定义旅游列车是指由旅行社等单位往返全部包用、运载旅游团体的列车。在定义演变下，旅游专列从临时列车供给演变为多样化、多频次供给的客运列车产品。

1983年，中国华运旅行社（现为中国铁道旅行社）首次接待了法国组织的“东方列车”号旅游专列，这被视为旅游专列在我国发展的开端。这个时代由于铁路运力极其紧张，旅游专列主要以图定旅客列车为主，每年开行数量、形式不同的“东方列车”，主要接待法国、美国、瑞士等国外游客，开行数量和次数较少，但奠定了国内旅游专列的雏形。同时国内旅游尚处于周边游为主的1.0时代，普通居民对专列还是比较陌生的。

进入20世纪90年代，铁路出现了乘坐更为舒适的空调车，各铁路局多经企业瞄准客运市场，将铁路旅行企业作为客运的前伸和后延，把游客变成旅客，把旅客变成游客。如兰州铁路局于1996年购买空调车，相继投资6 940万元改造的兰州至北京的75/76次列车、投资8 340万元改造127/128次列车，1997年投资6 895万元改造的西宁至上海的377/378次列车，都带来了较好的效益。这个时期还成功地发展了旅游专列，打出了闻名世界的西安—乌鲁木齐“丝路快车”旅游列车。1996年铁道旅行社全年

接待国内外旅游团队 138 个、3 280 人次，创收 509 万元人民币，创汇 14.2 万美元。

1997 年铁路第一次大提速后，旅游专列首次从图定旅客列车中区分出来，尤其是《旅游专列运输组织管理办法》（铁运〔1999〕29 号）的颁布，首次明确了旅游专列的定义，各铁路

局纷纷开行形式各异的旅游专列。这个时代“门店式”旅游大为兴起，自助游开始出现，铁路运输站段依托车站兴办地接旅行社多经企业，如兰州铁路局及各分局成立了嘉峪关铁道旅行社、武威铁道旅行社、金鹿铁道旅行社、兰铁友好旅行社、天水麦积铁道旅行社等企业，在甘宁两省区成立了宁夏铁道旅行社、兰州铁道旅行社负责专列运营。

2007 年中国铁路第六次大面积提速调图，极大地缩短了列车的运行时间，旅游专列作为旅游企业产品，正式进入发展期，全国 150 余个旅游城市共计开发 800 多条旅游线路。这个时代旅游专列得到发展，但也暴露出不少缺点：一是除老年专列外，旅游客流与铁路客运高峰期重叠；二是铁路跨局、跨线协调难度较大；三是硬件设施较落后，整体配套服务水平较低，只解决了游客的“行”和“住”。

同时铁路旅游企业也存在盈利方式单一、产品附增值较低问题。在与旅游专列包车人的合作中，铁路部门负责列车开行时的旅客运输，虽然铁路客运部门和旅游企业与其他旅游企业展开横向合作，联合开发旅客资源和设计旅游产品，但缺乏产品主导权，服务内容局限于提供铁路车票，辅以餐饮等其他低端消费品的销售。铁路旅游企业规模小、管理差、经营分散、竞争实力和抗风险能力弱，在市场竞争中日渐萎缩，各铁路局对铁路旅游企业进行整合，2005 年底兰州铁路局将嘉峪关铁道旅行社、武威铁道旅行社、金鹿铁道旅行社、兰铁友好旅行社、天水麦积铁道旅行社、宁夏铁道旅行社、兰州铁道旅行社 7 家旅行社重组整合成兰州铁道国际旅行社。从单打独斗转变到集约化经营。

随着我国旅游业进入 4.0 跨界融合阶段，人们对文化旅游产品需求不断增加，文化旅游产业链也在不断延伸和增强。全路大力发展旅游列车品牌，从没有核心产品向开发旅游专列、形成核心竞争力的发展，开始尝试追求开发高端、品牌列车。如昆明铁路局昆明至河口的米轨铁路、呼和浩特铁路局“草原之星”旅游专列、乌鲁木齐局集团公司“新东方快车”以及兰州局集团公司“环西部火车游”是现阶段较为知名的铁路旅游列车品牌。

北京铁路局于 2016 年底对原进口已闲置的 18 型硬卧车辆，进行了技术改造。改造主要内容包括供暖、供电设施设备、配线及控制装置重新设计，对车窗、空调通风系统、旅客休闲区及配套的服务功能进行改善升级。改造后的车辆交由中国铁道旅行社集团有限公司进行经营。

呼和浩特局集团公司于 2019 年底以 25G 车型一组改造成管内高端旅游列车——“草原之星”（列车定员 182 席）。每年 6—9 月在呼和浩特至锡林浩特、二连浩特、克什克腾、鄂尔多斯间循环开行，形成 2~4 日不等的旅游线路。提供了集吃、住、行、游一体化的移动观光平台。

○带蒙古包的娱乐车和卧铺车厢

乌鲁木齐局集团公司于 2019 年底用 18 辆 25G 型 AC380V 硬座空调客车改造为全软卧空调精品旅游列车——“新东方快车”（列车每节车厢定员 28 席）。“新东方快车”每年 6—10 月天天发车，先后开通了“环游北疆”“奇幻火洲”“畅览南疆”“相约敦煌”等铁路旅游系列精品线路。

17 20
LR

哈尔滨局集团公司于 2019 年由呼伦贝尔市政府出资委托中车唐山公司，用 16 辆 25G 型国铁车体改造为“呼伦贝尔号”豪华观光旅游列车，分别为高级商务车、商务车、高级软座车、软座车、文化沙龙车、列车幼儿园等 10 种车型。2019 年 10 月起开行海拉尔、阿尔山、满洲里线路。

小心滑倒

成都局集团公司于 2021 年以载客车辆 10 辆 25G 型客车为基础、以“熊猫元素”为主题，以车厢内部环境舒适性、多功能性、地域特色升级为目标，改造出一组高端旅游列车——“熊猫专列”，以熊猫文化为列车主题，通过“酒店 + 景区”标准化，产品差异化、特色化服务，将“熊猫专列”定位为西南地区集旅游体验、旅游观光、休闲度假、研学旅游的旅游产品和品牌，运行线路以管内川、黔、渝两省一市环线及管内沿线经典景区为主。

在发展模式上，南昌局集团公司率先对南昌铁路国际旅行社有限公司混合所有制改革。南铁国旅公司调整为专门从事旅游业务，主营：旅游列车经营，旅游集散中心，国内旅游和出境旅游，旅游团体票出票业务。南铁国旅公司受自身分销、组团、收客能力不强和经营机制不活的影响，旅游列车主要是由其他旅行社收客、南铁国旅游公司申报开行，公司单独收客并组织开行旅游列车的比重不足 15%，旅游列车开行收入、毛利和资源的市场价值未能在南铁国旅公司得到充分实现与体现，引进战略投资者参与混合制改革，并借助其分销渠道、组团能力及旅游要素资源的整合能力，实现和提高旅游列车经营资源的市场价值。

我国开行的旅游列车，图定列车数量、收入、定员均成指数型增长，可以说我国旅游列车市场是一片未开发的蓝海市场，具有很大的挖掘空间。

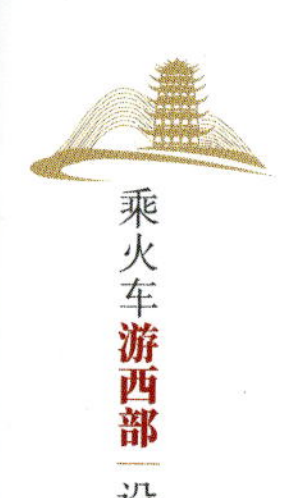

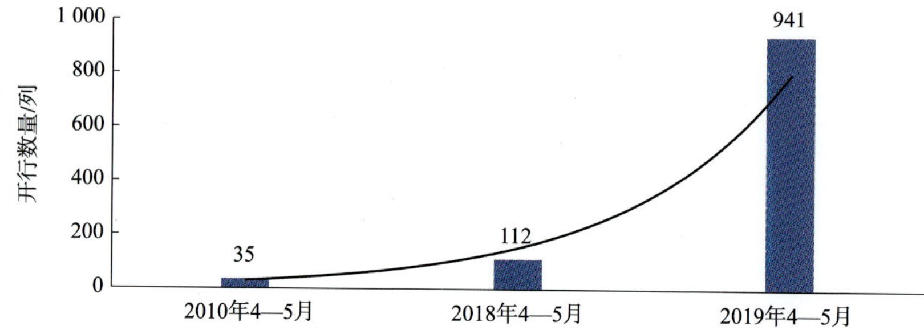

○全路 2010—2019 年间 4—5 月旅游列车开行数量变化

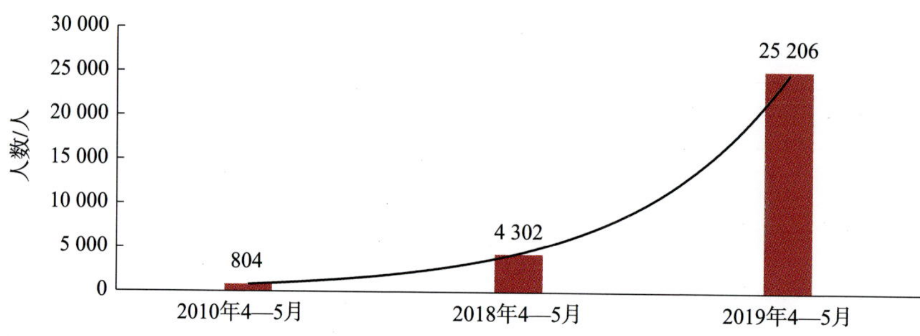

○全路 2010—2019 年间 4—5 月旅游列车发送人数变化

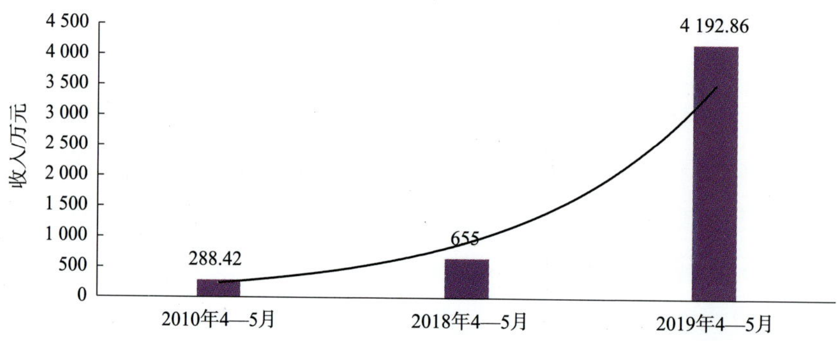

○全路 2010—2019 年间 4—5 月旅游列车收入变化

第四节　旅游列车分类

从开行频率上讲，旅游列车大致可以分为三类：第一类为传统旅游列车，由旅行社组织，团游人数达到一定规模后向铁路部门提出需求申请，铁路部门根据运力情况，安排定点、定线旅游专列。旅游专列发展初期，各铁路旅游企业利用25B型等非空调车体低廉票价优势进行发展。目前各铁路局集团公司都在打造品牌高端旅游列车，多是将车辆改造成非载人的功能车，或是购买定制列车组，在列车上建立“吃、住、行、娱”各种服务的旅游模块，丰富游客在旅途的感受。第二类旅游专列为图定旅游列车，如兰州局集团公司开行的兰州至敦煌的“敦煌号”列车，这类列车图定开行符合本地居民出游习惯，如夕发朝至、早出晚归。图定旅游列车类运营主体为各铁路局集团公司客运部门，只负责大交通运输，强调列车安全运输、旅行服务质量，不负责两端旅游接驳、住宿等服务。第三类是近年来建立在12306平台基础上，基于运行图“一日一图”进行调整开行，如阶段性开行假日旅游列车，以动车、普速临客为主，这类列车运营主体为各铁路局集团公司客运部门，各旅游企业、景区、政府等主动参与专列开行延伸服务。

从旅游专列开行方式上讲，主要模式有管内旅游专列、跨局

旅游专列、一线多游的沿线漫游式旅游专列。从车辆调配方式讲有临时调配车辆编组的专列，有常备专用车辆旅游专列，有利于既有图定车辆及运行时刻在特定时间改为的旅游专列。从专列销售模式上由线下旅行社联盟发展到2021年12306线上平台销售模式。

第五节　铁路旅游发展受到的瓶颈

传统旅游专列依托线下门店只面向团体旅客，即便到了今天这种模式基本没有改变，专列客户渠道依靠自己的门市，与大的旅行社合作，企业、政府采购等模式。旅游专列受众面小，2019年全年国内旅游人数60.06亿人次，同年全路开行旅游专列1 078列，组织游客94万人次，专列旅游人数仅占到全国旅游的0.015%。旅游专列近年来所吸纳客群多以“夕阳红”客流为主，一个铁路局集团公司一年能开行几十列专列实属不易。旅游专列发展受制于以下发展瓶颈：

1．旅游专列生产运营成本较高

旅游专列生产运营编组、打造、运行图铺画、组织开行等生产环节，造成旅游专列申请周期较长。铁路局集团公司管内申请需要提前1个月，跨局长线申请需要3个月。申请时间跨度长，旅行社面临一季的市场变化和旅游专列是否按提报计划如期开行的双重风险，专列组织往往存在车等客、客等车的现象。在实际操作中，各旅行社发团人数、发团日期都可能出现大幅波动，造成经营火车专列的旅游企业的损失。同时高端旅游专列经营成本比较高。如2019年哈尔滨局集团公司打造的“呼伦贝尔号”旅游列车，17辆编组，载客仅为200多人，如果按照普速列车编组全列软卧计算，少载人三分之一以上。旅游企业全列包车需缴票款成本就极高。

2. 图定旅游列车全年客流季节性波动性较大

图定旅游列车在旅游淡季运力虚糜，受天气、景区开放等因素影响较为显著。对2019年全国热点旅游丝路敦煌旅游线路各次列车客流观测发现：敦煌方向最受欢迎的为图定常年开行的K9667/70次列车，由于票价廉价、停靠站较多，在各次列车中保持较高的客座率。“环西部火车游·敦煌号”旅游列车Y667/70客座率波动与图定旅客列车K9667/70方向一致，由于品质高，在旅游旺季客座率高于图定旅客列车。Y671/4非图定旅游列车的大众受欢迎程度较小。2019年7月初受敦煌市洪水影响，莫高窟暂停开放，客流出现明显波动。

3. 当前大部分运营的旅游列车软硬件较差

铁路运输业只是提供了一种以位移为目的的交通工具，把游客从出发地送达旅游地即可。但火车站不是最终旅游地，两端延伸服务还没有效地发展起来。日本豪华旅游列车的住宿全部是在列车上实现的，因为这是旅客体验重要的部分之一。旅游专列开行方案也具备可优化的空间。对于旅游列车的开行方案，不应仅仅按照既有的运行图设计开行方案，也应考虑旅客舒适度、换乘接续等因素影响。

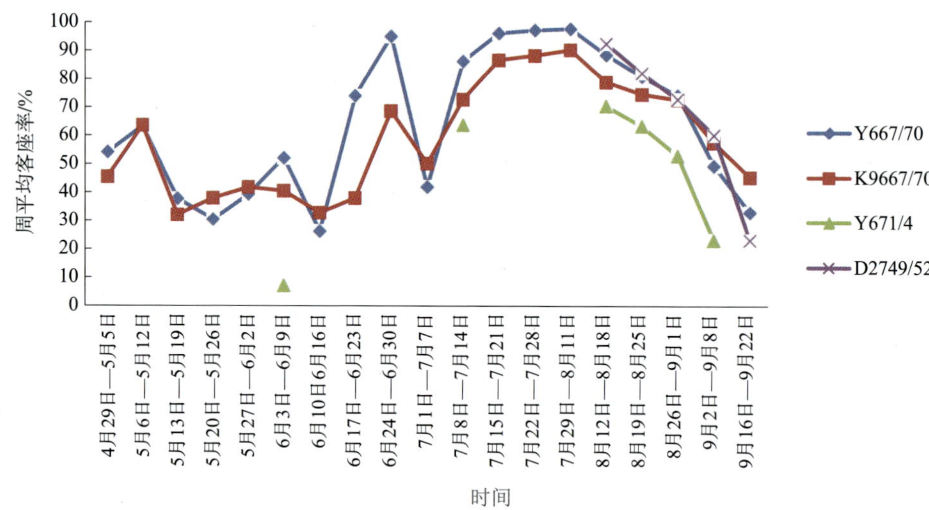

○兰州局集团公司敦煌方向旅客列车 2019 年 4 月 29 日—9 月 22 日各次列车周平均客座率

4. 旅游产品市场定位模糊

产品的市场定位不够清晰，缺少旅客分级分类的相关服务。目前，铁路旅游整个市场还停留在孵化阶段。营销方式和合作模式还有待转变。很长一段时期里主要的营销方式还是以二级旅行社代理为主，采用传统的贴发广告、地推营销和企业洽谈等模式。随着新媒体互联网产业的升级优化，各行业的营销和合作模式不再局限于传统的营销模式,像抖音、微信、微博都是很好的产品宣传平台,合作模式也层出不穷。但铁路旅游列车产品虽已有改变思路，但效果甚微。在旅行社全行业分工调整现状下，铁路旅游企业面临的威胁主要来自各类外资旅游企业及实力超强的旅游企业，这些旅行社纷纷抢滩一线城市并向下逐渐渗透，特别是线上旅游商（OTA）如携程、途牛等在线旅游运营商的迅猛发展，不断挑战并蚕食着传统旅游企业的生存空间，散客自驾游等出游方式的改变也逐渐成为铁路旅游企业传统经营模式的威胁。

第二章

火车平台的发展

——高品质列车新概念

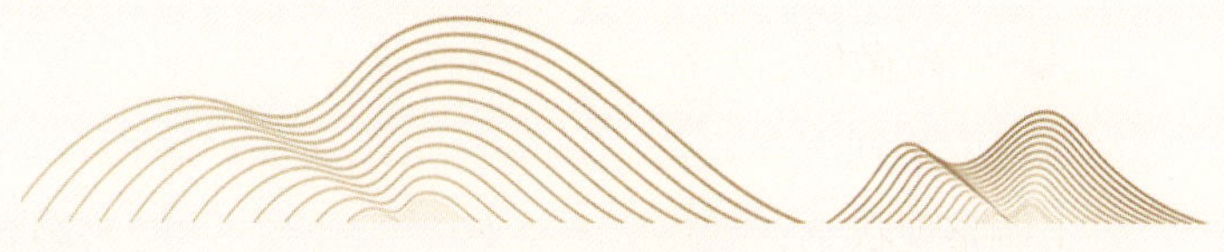

第一节　铁路客运发展

一、铁路客运发展概述

铁路旅客运输工作直接服务人民群众，是人民群众感受国家繁荣进步、铁路改革发展最直观、最密切的领域之一，受到全社会高度关注。近年来，我国铁路客运事业快速发展，客运产品有效供给大幅增加，高铁已经成为一张亮丽的国家名片，“复兴号奔驰在祖国广袤的大地上”，人民群众的获得感显著增强。进入新时代，我国社会主要矛盾已经转化为人民日益增长的美好生活需要与不平衡不充分的发展之间的矛盾；我国经济已由高速增长阶段转向高质量发展阶段，人民群众对铁路发展期望的空间已经打开。铁路客运系统必须牢记人民铁路为人民的初心，践行以人民为中心的发展理念，聚焦交通强国、铁路先行，深化强基达标、提质增效，坚持目标和问题导向，以改革创新为动力，切实解决好铁路客运高质量发展过程中面临的问题和挑战，全面提升铁路客运供给质量，更好地服务国民经济发展，不断满足人民日益增长的美好生活需求，在铁路率先实现现代化中奋勇争先，展示新形象。

党的十九大作出了中国特色社会主义进入新时代的科学论断。进入新时代，居民消费转型升级，使得一些潜在出行需求进一步得到释放，人民出行需求更加强烈。全路客运量随着高铁网的不断完善持续增长。进入后高铁时代，高铁承担了大部分旅客出行任务，原有的普速线路客运量下滑，运能的富裕导致有可能出现“规模不经济”、大量资源闲置的现象。

二、铁路客运发展特点

客车市场化开行的实践也带来了对客运营销组织工作的深入思考。随着我国铁路客运技术装备水平的提高，组织方法的改进，以及市场需求的变化，我国铁路客运营销组织模式可以划分为以下 4 个阶段：

客运 1.0 阶段：“车站 + 旅客”。其特点是旅客购买运输位移产品，方式是“点对点”，旅客只能选择在出行地所在车站购票，而车站只销售本站经停的列车产品。

客运 2.0 阶段：“运行线 + 旅客”。其特点是随着铁路车站计算机的应用，铁路内部客票网建立，旅客可以通过任意车站、客票代售点购买异地、往返、联程车票，提前规划行程。

客运 3.0 阶段：“12306+ 旅客”。2011 年 1 月，中国铁路 12306 官网正式运行，我国铁路客运售票的互联网时代正式到来，传统人工售票模式发生革命性变化，传统人工售票为主的铁路客票代售业务在“互联网 +”的售票新模式下迅速萎缩，铁路客运实现了线上互联网资源共享，旅客可以自主进行网络购票，这一时代单方面满足了旅客

出行需求。但是运输产品的推出成本仍然很高，由于规划线路的可变性未能达到按照市场需求进行及时调整的程度，造成部分运行线列车季节性空跑，一方面是铁路产品供给方资源浪费，另一方面是旅客需求方或季节性需求变化未得到满足。

但随着我国高铁网的形成，特别是到 2015 年以后，全国铁路客运增速放缓。如何按需组织列车运行计划最大限度地满足人民日益增长的美好旅行生活需要，铁路客运产品的根本任务是满足旅客运输的需求，客流是旅客列车开行方案及运行图编制的基础，根本上取决于客流计划，“按流开车”是确定旅客列车开行方案的首要和基本原则。兰州局集团公司通过实施以“一日一图”为核心的客车市场化开行战略，开启了以满足旅客个性化需求为导向的订单定制的客运组织模式，即：

客运 4.0 阶段：“运行图 +12306+ 旅客”双网融合时代。“工业 4.0”是一次现代信息技术和软件技术与传统工业相互作用的革命性转变，其特点是通过生产设备、数据网络和生产手段构成相互交织的网络，通过信息在系统中的实时交换、应用，实现生产对需求信息的最快响应，实现既满足客户的个性化需求，又能控制生产成本和快速交货，从而实现定制化与低成本。同理，客车市场化开行应基于旅客出行大数据，要求线上资源和线下需求即时匹配，线上开发需求，线下同步生产。依据大数据提供的精准旅客需求变化，铺画运行图，组织运力，推出与市场需求相匹配的大规模定制化客运产品。

中国铁路客运借助 12306 平台，改变了铁路客运产品生产方式。

客车市场化开行是以“旅客的实际采购意愿为核心”的拉动式组织模式，通过客运“一日一图”快速响应市场的需求，快速把客户的需要变为产品。在基本运行图中预留不同特点的模块图，如旅游图、通勤图，以此安排不同时期的机班和乘务组。同时客运更加注重旅行体验，拓展列车服务，大力发展“互联网 +”和“铁路客票 +”业务，如网络送餐、酒店预订、公铁联运、行李搬运等功能，构建与旅客出行相关的旅游、酒店、餐饮等业态服务体系。

第二节　高铁时代的普速危机

2017 年 11 月 20 日，18 个铁路局改制为铁路局集团公司，市场地位的确立和改变，意味着铁路局成了市场服务产品提供的主体，因此要更加去关注市场，更加去关注企业的未来，更应该关注未来会为什么样的顾客去服务，以及这些顾客需要什么样的产品。

铁路客运发展的方向是什么？从世界各国铁路发展的情况来看，美国是世界上铁路客运发展较早、铁路网形成较完整的国家，但是现在美国的铁路客运只剩下市郊列车、通勤车，城市之间大部分的干线交通都被私家车和高速公路占据了。铁路在美国客运系统里占比很小很小，大部分份额被航空占据。相对比而言，中国铁路客运发送量市场份额由 2017 年的 16.7% 提升到 2020 年的 22.2%，铁路在综合交通运输体系中的骨干地位得到进一步巩固。从中国内部构成看，2017 年高铁和客运动车组旅客发送量占总客运量的 57.1%，

2019 年占比达 70%。乘坐高铁的人数不断增加，这就说明中国铁路正处在上升发展期，大力发展铁路客运具有前瞻性，铁路客运核心产品的竞争力做得好，就会赢得未来市场。

2015 年以后，全国铁路客运增速放缓，客运增长出现拐点。全路旅客运距从 2008 年的 532 公里下降到 2020 年的 375 公里，旅客的旅行时间变短，同时与高铁线路并行的普速铁路线路客运出现了下滑的端倪，这些客运新变化，下一步，中国铁路客运将如何发展？

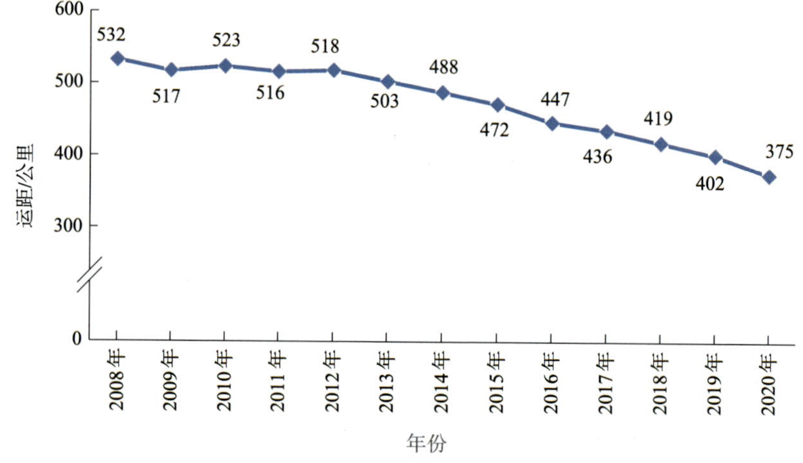

○全国铁路客运平均运距变化

从上图分析，铁路客运面临着三个突出性问题。

问题 1：客运发展怎么样选择突破口，怎样扩大市场份额？

2016 年 9 月 20 日甘肃省首届“敦煌文博会”在敦煌召开，为此兰州铁路局加开了 11 趟客车，但是，由于文博会结束后短期内客流迅速下滑，增加开行的列车大部分停运了，此次适应市场的大胆尝试，由于盲目扩大市场份额并没有产生应有的市场推动作用。

问题2：高速铁路大发展的情况下，普速线路客运的未来是什么？

近年来，随着时速160公里集中动力动车上线，普速客流在逐渐减少。由于旅客对时间的关注，高速铁路与普速铁路给旅客的旅行体验是不同的，于是产生了客流定向化转向。如陇海线停开普速10%，宝兰高铁客流却增长50%。

问题3：客运服务的核心竞争力是什么？

客运服务的核心竞争力在现时阶段，已经从运输本身发展为旅客的出行体验，虽然从表面上看，旅客运输的核心是开车，但是应该是开旅客喜欢的车。

第三节　高品质旅客列车

高品质旅客列车就是提升客运服务质量的列车。高品质旅客列车包含四个要素：硬件一流，形象可亲，服务主动，特色体验。

1. 硬件一流

硬件一流就是硬件设施、软质备品各个方面都要有一个更高的标准。如刚开始的"敦煌号"用了25T型的全新车体，全车铺了地毯，配备了定制的具有敦煌特色的窗帘、窗纱，车上的卧具备品也进行了定制设计，材质比照星级酒店的标准，使用蚕丝被和高织高密的丝光棉被套，软卧和高包里还配了桌旗、床旗，同时在高级软卧车里面，还配备了一次性洗漱用品。

2. 形象可亲

铁路客运的服务理念最终是要通过最一线的职工去体现、去传递。所以在高品质旅客列车乘务员的选择上，通过招聘优选出的乘务员要经过三个月时间的优质服务专业培训，培训由旅游学院学校的专业老师、民航的培训老师进行指导。同时，为了在感官上体现专业和优质服务，为乘务员定制了全新的制服，通过一系列的打造，职工的气质发生了非常大的提升，给旅客展现的就是一个全新的服务形象。

3. 服务主动

服务主动的核心是服务思维的转变。过去是管理旅客，坐等旅客来寻求帮助。现在是以旅客为中心，全过程地观察，要做到旅客还没提出问题，乘务员就已经发现并主动去解决。这就要求乘务员在服务理念上做转变，建立新的标准，“三米见微笑，一米见问候”。兰州局集团公司把乘务员的照片挂在车厢上，让旅客选出全列的服务明星，以及在一些列车上提供传统的“红马甲”服务，即乘务员帮助旅客搬运大件行李等服务。还可以提供一些新的服务内容，比如在列车上提供花洒、洗脚盆等。

4. 特色体验

特色体验指高品质旅客列车的特色设计。以“敦煌号”为例，开行之初，对列车的卧具、窗帘、地毯等备品的装饰上融入敦煌的一些文化元素，并提供一些特色美食，打造“一车一售”的列车特色体验。餐饮服务也进行了特色打造，首先是在全列配备了三节餐车。三节餐车功能各不一样，一节是正常点餐的餐车，另一节是提供自助餐的餐车，第三节是酒吧车。酒吧车提供读书、听音乐、KTV的设备，在列车运行途中由列车员进行小段歌舞表演，开展游客互动游戏等环节。

第四节　列车服务

服务是一种无形产品，这恰恰是服务业难以把控的原因。好的服务是设计出来的，通过对服务标准、流程、实现方式的精心设计，达到高端的服务品质感受；好的服务是始终如一的，保持稳定的服务质量，提供标准化、职业化、规范化的服务，是解决高质量列车发展的有效手段，顾客最想得到的也是持之以恒的服务。

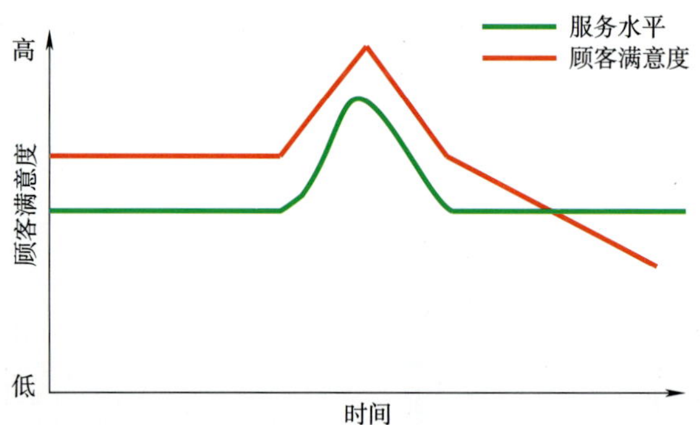

○服务水平与顾客满意度的关系

铁路客运服务标准设定包括礼仪服务、硬件服务、文化服务、服务保障。

1. 礼仪服务

服务人员是客服服务中最主要的部分。所谓礼仪服务就是从着装礼仪等各个方面规范起来，乘务员对每一项服务都有一个礼仪标准。通过乘务员不同的形象展示，让旅客体验到铁路企业的服务水平，将自信、热情、亲和、专业的形象展示出去。将亲情式、微笑式、提醒式、无干扰式服务理念渗透到站车服务全过程，让旅客感受独具魅力的出行体验。

2. 硬件服务

车厢是旅客直接能接触到、感受到的场所，通过推出列车妈咪哺乳室、休闲书吧、移动端订餐、站车双微平台、亲情服务台等特色服务举措，以及提供旅行小秘书、列车瑜伽操、特色美食等特色服务种类，给旅客提供优质化的服务体验。

3. 文化服务

文化服务要通过相关媒介来实现，例如杂志与广播。杂志可以以时尚的图文形式把客车展示出来，给旅客比较特殊的列车体验方式；广播可以制作舒心悦耳的音乐节目等。通过不同的媒介将文化服务紧密贴合站车品牌定位、旅客需求和地域特色。

4. 服务保障

服务保障就是乘务管理、整备作业、洗涤作业、保洁作业等方面的保障。这些旅客看不到的生产部门虽然不直接跟旅客接触，但在铁路服务品质传递的过程中起着重要作用，这些后台支持系统也必须与前台服务一致性地向着规范化、流程化、闭环化、体系化的方向发展。

第五节　列车场景创建

列车场景创建指在传统的旅客运输工具上建立“列车＋”平台。这个平台一方面要提供旅行位移核心服务，另一方面会将地面的商业文化内容移植到列车上，扩充列车的服务功能，提供旅客位移功能外的其他功能。“列车 +”模式在列车上建立各式各样的服务模块组合构成列车应用场景。当旅客进到这个场景里面之后，要让他觉得这是一次很值得的消费，这才是场景要达到的目的。

场景根据产品需求的不同，需要功能设计，比如 KTV 休闲区、产品推介会等。例如，选择一个正常的车体作为列车的场景平台，通过场景改造以后，部分列车功能化。可以将车体拆掉软座后变成一个整体的多功能休闲车，对餐车背景稍加改造，就可以开发更多的功能，给予旅客更多的选择。经过改造的列车与未改造的列车有着完全不同的消费环境。例如，有一家公司的旅客选择铁路出行，有两种车体可供选择，一种为普通列车，一种为改造升级的高品质功能列车，可以想象旅客在选择的时候，一定是优先选择去坐改造过的列车，因为普通列车的消费环境仅限于完成旅行的过程，而改造后服务升级的功能车则会给旅客在到达目的地的这段时间里，体验更加丰富。

这种场景转换的运用，在旅游列车上是十分突出的。兰州局集团公司在“环西部火车游”的设计中，把与列车有关的铁路元素调动起来，例如车站、站台、候车室、站前广场等，这些本是游客乘坐火车交通工具前往旅游目的地的过程或经过的场所，现在把这些场所进行充分的场景转化，将前往旅游目的地的过程这一时间片段，变成旅游时间的组成。其中的重点是时间片段占位最多的车厢，这是游客开始火车旅游的起点酝酿时间段，也是结束火车旅游的回味时间段。“环西部火车游”着手这一阶段，通过场景植入，使游客

进入旅游状态更快，从而能更好地享受深度旅游带来的幸福感，同时在游程结束阶段使旅游美好回味时间段尽量延长，延续幸福感的享受。

旅途中“一车一景”的场景设置是“环西部火车游”旅游专列的最大特点。车厢壁板上满是石窟壁画、七彩丹霞、长城关楼等图案，丝路风景扑面而来。走过每一个车厢，欣赏的都是不一样的风景。除了丝路特色风景展示、景点介绍，还有“兰州牛肉面”“灰豆子”“甜醅子”“热冬果”“三套车”等甘肃传统美食介绍，“剪纸”“编织”“刺绣”等甘肃特色非物质文化遗产展示。此刻的列车，俨然就是西部风情文化长廊。旅游专列还配备了卡拉 OK、扑克大赛、诗词朗诵会、茶室、儿童乐园等娱乐性车厢。列车上的时光不再只是漫长的等待，变得丰富多彩。

场景功能所赋予产品的，是要引发客户对该产品进行消费的动力。因此打造出一种什么样的环境，取决于要销售什么样的产品。只有准确把握产品的实质，才能确定场景打造的主题，才能通过场景打造产生相应的服务体验，也只有在这个环境中消费产品，才有期望的服务体验。列车打造的消费环境就是场景，最有效的方法就是让自己变成平台，通过场景的附加给顾客创造独特的体验，这样顾客就会有更多的需求体现出来。

基于铁路客运旅客需求，打造高品质的列车最基本的场景是时间酒店、火车商、舌尖上的旅行和旅行小镇。

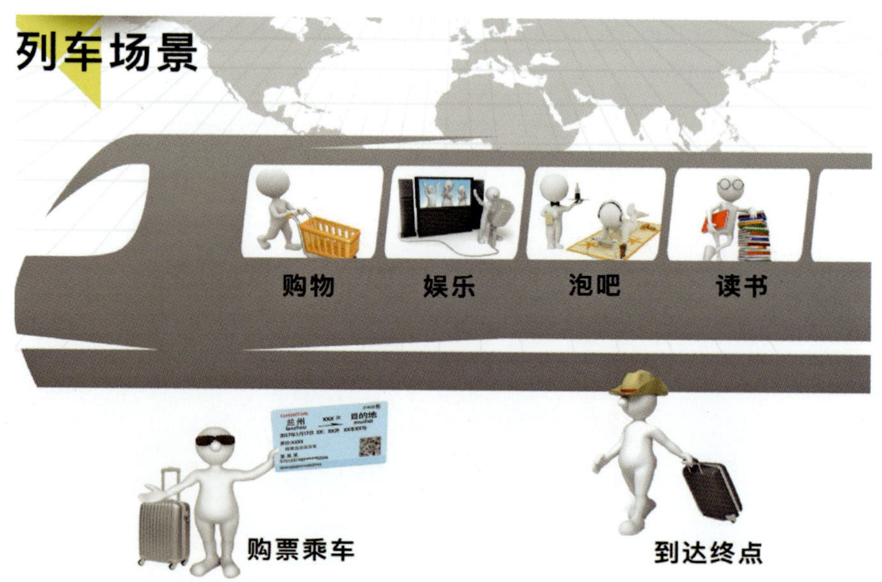

1. 时间酒店

时间酒店对应的是夕发朝至列车，夕发朝至列车产品出现于铁路第六次大提速。当初铁路对夕发朝至列车广而告之，就是为了帮助旅客节省掉酒店的资金。随着列车产品的完善，旅客关注的并不一定单单是节省资金。夕发朝至列车产品一是节省了客户的时间，节省了住宿时间，原来可能需要花费两三天去一个地方，现在一天就够了；二是要求铁路部门把夕发朝至的列车设计出酒店的感觉。在设计时间酒店这个场景的时候，把重点要放到提供酒店的体验上面，将服务标准升级为酒店式服务，按照酒店的布置标准，在卧铺车厢里面重新设计布局，如"敦煌号"车厢地毯选用的是万达文华酒店风格的祥云地毯。旅客上车之前，列车会打铺旗和桌旗，夜间入睡的时候会为旅客整理床铺，高包房间的洗手间里会给旅客提供一次性洗漱用品。当旅客置身于这样的氛围中，体验到的是酒店一般的服务，顿时没有了舟车劳顿之感，只想舒服地休息。

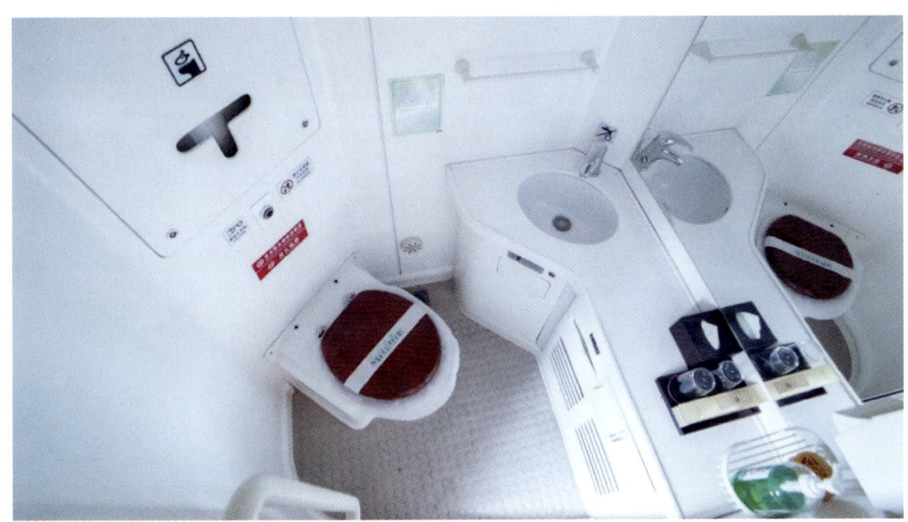

2. 火车商

火车商是由火车超市延伸发展而来。在长线旅游车上提供一些生活必需的商品：一是提供列车上的必需品，二是旅游纪念品，三是当地特产。在购买的方式上，把列车变成体验店。旅客通过列车上的体验，有了购买意向后可通过电子交易来支付；同时在出站口设有商品实体店，旅客下车后可以直接到实体店取货，或者提供快递服务，直接将货品送到旅客家里，这样贴心的服务让旅客避免了自己带商品回家的麻烦。

搭档
列车
超市
农副产品区
列车超市
米面粮油
MI MIAN LIANG YOU
列车超市
副食

年货带回家
列车网络超市

3. 舌尖旅行

在列车上享受美食，是旅客消磨旅行中碎片时间的一种方式。借鉴地域文化，提供当地的个性化餐食，就是打造“美食场景”空间。例如牛肉面是兰州的特色美食，列车在提供餐食的同时展示牛肉拉面的表演，很受旅客的欢迎。很多本地旅客一上车就有了回家的感觉，还有一些外地旅客也对牛肉面情有独钟，往往下车的时候还要再吃上一碗。除牛肉面外，还有一些当地有名的地域美食可供选择。

菜品名称:
全家福烩菜

4. 旅行小镇

旅行小镇源自文化旅游，指在列车上对目的地的旅行、旅游的预热。如 2016 年开行的嘉峪关到北京的 K44“文化圣殿 · 敦煌号”，使用两个餐车，打造出了“邂逅敦煌”的旅行小镇。在列车上建一个旅行小镇，通过这个景点特色使旅客产生身临其境的感受，从而达到增加旅途体验感受的目的。在列车的餐车吧台前空地场所，用黄胶泥的土块做成一个客栈装饰，内饰为现代风格，床位采用落地榻榻米，酒吧吧台设计成现代风，在夕阳落山的时候坐在吧台前，看远处的鸣沙山，仿佛此刻置身于沙漠中，这个意境会让旅客觉得流连忘返。

高品质列车开行后，就要继续批量化复制这种模式，要从适合的客运产品出发，继续推动这种高品质列车向前发展。

兰州局集团公司最开始从长线旅游车入手，在“列车 +”模式的运用上，做了两趟标杆车：一是兰州到上海的“兰州旅游号”；二是兰州到敦煌的“敦煌号”。

“兰州旅游号”定位于“带着兰州去上海”的概念。这个列车将兰州城市的特点总结为“九个一”，也就是兰州最有名的九样东西，分别为“一碗面”“一座桥”“一本书”“一座山”“一条河”“一

座园”“一条种”“一场舞”“一台剧”，把这“九个一”在车上的不同空间里都做了体现．其次把地域文化引进去，如在车厢壁板上用贴壁纸的形式展示了兰州著名的黄河风情线、人文线、地域美食线。同时还把服务功能进一步拓展，把所有的乘务间进行功能化，总结为“五室一台”，五室即“育婴哺乳室”“康体检查室”“图书借阅室”“儿童阅览室”“便民利民服务室”，一台即“导游咨询台”，每一个乘务间都能为旅客提供不同的服务。对餐车进行三种不同场景的设计，可以在不同时间段随意切换为酒吧、餐吧和书吧三种风格，根据车厢的造景变化，乘务员服装和台布颜色一块转换，还设置有一个微雕的风景观摩点，可供拍照。最后便是兰州特色美食——牛肉面的制作展示。

“敦煌号”现在已经成为一个旅游口号了，即“不乘‘敦煌号’不算敦煌游”，乘坐“敦煌号”，一路游览鸣沙山、月牙泉、莫高窟等敦煌标志性景点。当然，如果没感受过敦煌文化的朋友，第一次去可能会因为提前没有做足功课而感到失落，比如莫高窟洞窟里有很多防盗门，很多洞窟还要限时，而且洞窟内很黑，跟随导游四处游览时必须要租借手电才能看得见，由于限时的原因，很多洞窟没来得及看清楚就要赶往下一个。这主要是没有对敦煌文化有所了解。所以“敦煌号”旅客列车有意被打造成一间“敦煌博物馆”，让游客在旅途中就开始被敦煌文化所吸引、熏陶，引导他们了解敦煌文化，带着对敦煌的各种好奇，让游客迫不及待地想要去了解敦煌文化。这时候会发现，原来列车并不只有带游客去景点游览这么简单，更有深意的是，让游客在旅行的途中获得了知识，了解了敦煌文化。等游客返程的时候坐在火车上，看到列车上的“敦煌博物馆”，仍然意犹未尽、回味无穷。所以，打造“敦煌号”列车，就是让旅客列车完完全全融入当地的景点里面，引导游客体验有意义的旅游，游客体验了一次满意的旅游，就会向别人推荐坐这列车。让游客自己去宣传是对列车最有效的宣传方式。

第六节 列车 IP 设计

品牌的意义是让所有用户降低选择和认知的成本，而个人 IP 代言可以最大范围影响受众群体。今天，随着市场竞争不断激烈，各

个运输行业都积极探求自己的新发展，不断摸索适合自己的经营模式，打造属于自己的特色品牌服务，铁路更是起到了表率作用。兰州局集团公司把握住了这种新的社会要求，先后推出了微笑窗口、品牌列车等以服务为主旋律的服务项目，特别是工作人员的服务礼仪，让人有焕然一新的感觉。IP 几乎都是自带流量属性，并且会历久弥新。

“驼小明”是兰州局集团公司推出的官方吉祥物。它以骆驼为原型，眼神呆萌，呲着一口大白牙，常坐着火车去远方。

骆驼是坚韧不拔的代表，是默默奉献的榜样。千年前，丝路古道驼铃声声。如今，铁路已经成为新丝路上的主要运输方式。兰州局集团公司路网线路上运行的列车就像过去的骆驼行走在丝绸之路。所以在打造IP时，选择骆驼为原型。名字选用“小明”，能使“80后”“90后”唤起集体怀旧，同时是通俗的，大家都能记住的。

NO!
兰州铁路局兰州客运段     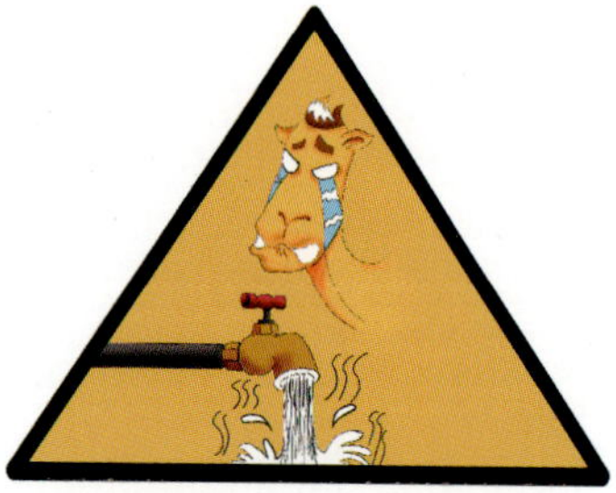  
列车员：驼小明 171000

IP 选定要赋有灵魂，才会经久不衰。打造个人 IP 的核心就在于寻找自己的定位。像风靡世界的熊本熊一样，“驼小明”也是行走的“表情包”。为此，创作团队将驼小明化身为一名列车员，长期与火车、旅客打交道，以列车员日常生活的故事为素材开始漫画创作，例如被门夹后痛哭流涕、被开水烫伤后痛苦不堪，在“驼小明”演绎下，原先生硬的铁路安全宣传内容变得分外生动。

驼小明的假期

驼小明

TUOXIAOMIN
驼小明

TUO XIAO MING

驼小明

驼小明

TUO XIAO MING

第三章

"火车游"

——构建旅居时代的新平台

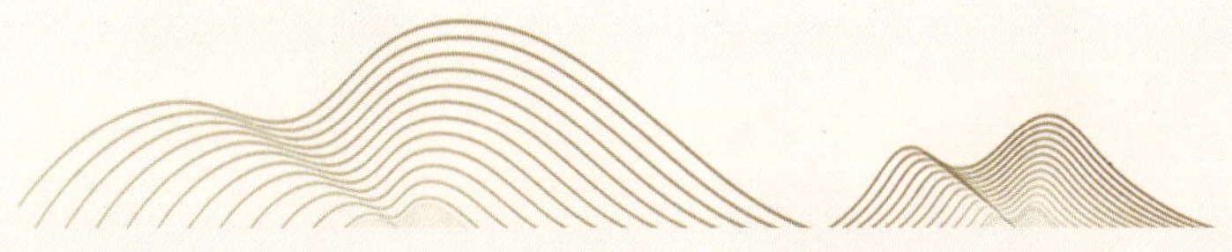

到了中国旅游 4.0 时代，最显著的特点就是跨界融合，旅游不再是特定的出门的目的地，而是变成了一种新的生活方式，文化旅游、主题旅游、工业旅游等，任何一件事经过加工都可以成为旅游，再出门就可能是为去住一个地方或享受美食而去做的旅游。兰州局集团公司推出的“环西部火车游”是将“火车 +”“旅游 +”融入中国旅游 4.0 时代，是融入丝路旅游精品线路、串联甘宁大景区新火车游平台。

2018 年国铁集团客运工作会议上指出，铁路客运发展面临的主要矛盾已由过去的“一票难求”转化为人民日益增长的美好旅行生活需要和不平衡不充分的客运供给之间的矛盾，提出了实施客运提质计划，明确了客运主要任务。提升服务，提高品质，重要的是对客车普遍产品服务的深加工。在互联网时代，借助网络平台实现业态升级已是企业发展的必然选择。“火车游”是客运提质下产生的。

一票难求

大众对美好旅行生活的向往

第一节 “环西部火车游”理念

“环西部火车游”是一种以旅游体验车为核心，以铁路沿线城市大景区为依托的新型客运旅游产品，由火车驿站、民宿、旅游列车和沿线景点共同组成。

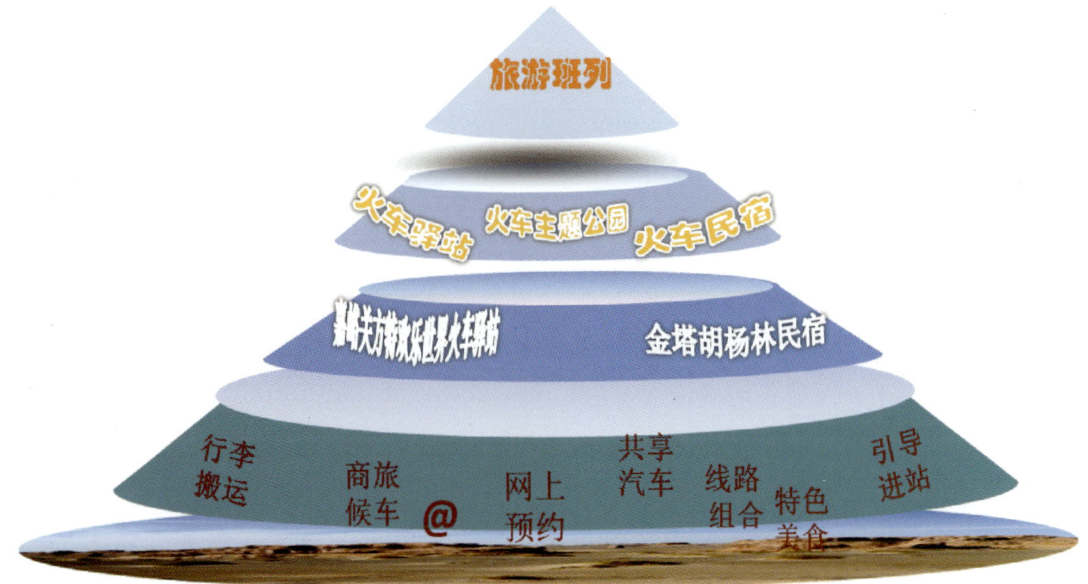

“环西部火车游”产品纵向结构自上而下分别是旅游班列、火车元素、景区综合服务体、关于旅行的相关服务（连接景区和功能区之间的是一体化的服务设施、特色美食等）。

旅游班列以列车为平台，将地面传统服务行业模式与列车相融合，旨在为旅客带来全新的行车体验。定点、定线，在列车上建立“吃、住、行、娱”各种服务的旅游模块。旅游班列在火车上布置地方文化、名胜景区、特色食品、手工艺品等旅游元素场景，感受西北风情。加挂地方特色主题的功能车，让游客享受轻松、惬意的服务，创造全身心的旅途体验，丰富游客在旅途的感受。

火车驿站平台是在旅游景点利用报废客车体资源，经过精心打造，结合当地人文景观、自然景观、生态环境，在景区打造主题文化餐厅、特色民宿、怀旧书吧和个性超市等集文创、旅客集散中心为一体的旅游服务综合体，给游客提供特殊感受的住宿、饮食等场所。实现铁路元素在地面的延伸，让报废客车体成为“环西部火车游”在景点的无轨站、广告发布点、休闲服务地面站。

目前已建成嘉峪关方特火车驿站、酒泉金塔沙漠胡杨林火车民宿、吴忠市利通区开元广场西侧迎宾大道餐饮、上桥镇牛家坊村休闲观光驿站。因为有了火车民宿，嘉峪关方特欢乐世界成了全国唯一在夜间开园的方特公园。

400-1630-900
兰局兰段
定员 24
载重 9.9t

在横向结构上，“环西部火车游”平台将敦煌、嘉峪关、张掖、陇南等著名风景区连接一体，实现乘火车游与景区板块化联动、沿线旅游资源精品化连线。

为实现良好的旅行体验，平台建立了一体化的服务体系，规范住宿、餐饮、交通、景点景区、购物、娱乐等服务管理，制定特色服务（导游、住宿、用餐、接站、送站、租车、行程设计、订票一站式服务）、接待服务（行李送站、专用候车、专用通道进出站、专用候车服务）、旅客订制服务等工作流程标准。

“环西部火车游”以火车元素为核心（环线班列、火车驿站、火车主题公园、火车民宿等），提供一站式服务、VIP 候车等，以景区为依托，集成了旅游观光、特色酒店、自主体验的旅居生活。这是紧紧围绕乡村振兴、资源开发、业态提升、融合发展四大功能为一体的铁路旅游新业态，开创了全新旅居生活，实现了纵向业态融合一体化，实现了横向景区版块联动化，实现了游客低成本定制服务。

“环西部火车游”产品思路具体体现在“一列车”“一张图”“一种游”上，本质是让乘坐火车变成一种人民群众喜欢的生活方式。

第二节 “环西部火车游”·“一列车”

“一列车”以列车为平台，将地面传统服务行业模式与列车相融合，是实现人们美好出行的载体。

一、设计思路

“一列车”是基于供给侧结构性改革的客运旅游成品，其核心是旅游班列。旅游班列是连接主要旅游项目的纽带，可以为旅客提供不同于其他旅游方式的特殊体验。旅游体验车分为三种不同的组合方式，即图定组、专线车、假日列。

二、设计说明

坚持优化产品结构和市场导向，准确把握旅客需求结构升级的趋势，实现服务品质全面跃升。打造高速、普速谱系化“环西部火车游”系列产品作业、服务标准。以时速 250 公里、160 公里两个不同速度等级动车组在宝兰客专、兰新高铁、兰渝铁路、银西高铁开行短线点对点旅游产品，组织普速客运旅游产品“慢游”体验。

三、基本产品

1. 25T 型高品质旅游列车

2018 年兰州局集团公司设计了兰州（银川）—张掖—嘉峪关—敦煌旅游专列专线，串联起沿途张掖七彩丹霞、嘉峪关关城、敦煌莫高窟、鸣沙山月牙泉等丝绸之路著名景区和文化圣地，打造一组高端列车，全列集地方民俗、农产品、地方小吃、观光体验等功能为一体，根据旅客需求及旅游季节特点增减编组、配备所需车体，每周五定点定线开行，针对国内高端旅游以及海外旅游市场。产品一经推出就受到市场广泛欢迎，三年来，该线路结合西部旅游季节以四月中旬至十月下旬不间断开行，专线车从最初编组 9 辆，有效载客 144 人，发展到最高峰时编组 18 辆，有效载客 600 多人，一车一馆打造也从最初的张掖、嘉峪关、敦煌三个主题馆发展到甘肃十四个市州、兰州新区一车一馆。甘肃丰富的旅游资源和历史文化，浓缩提炼到列车车厢中，东起天水麦积山，西至敦煌莫高窟，北环平凉崆峒山，南括陇南奇山秀水，中接张掖七彩丹霞、嘉峪关关城。车厢内部用甘肃独有的历史文化、自然景观等元素制作微观景点，装饰点缀列车。同时，将《读者》杂志、剪纸艺术、敦煌歌舞、牛肉面表演等一系列甘肃“名片”搬上列车，列车内演艺区嗨歌曼舞、棋牌茶歇一应俱全，消费区从文创产品到旅游纪念品、特色农产品，让游客在列车上了解丝路文化、感受丝路美景、品尝丝路美食和畅享旅途休闲。

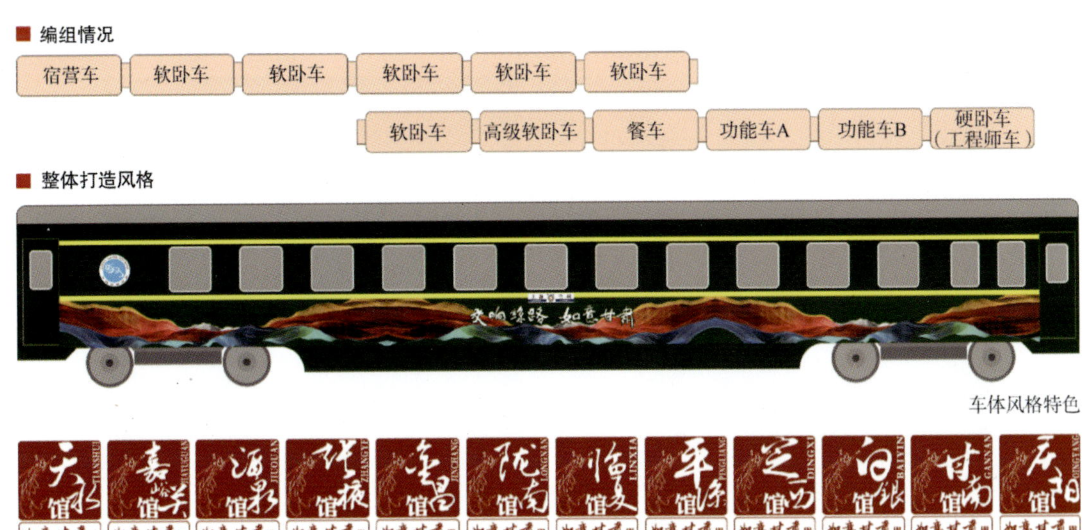

车体风格特色

一车一馆主题

环西部火车游
旅游热线 400-1630-900

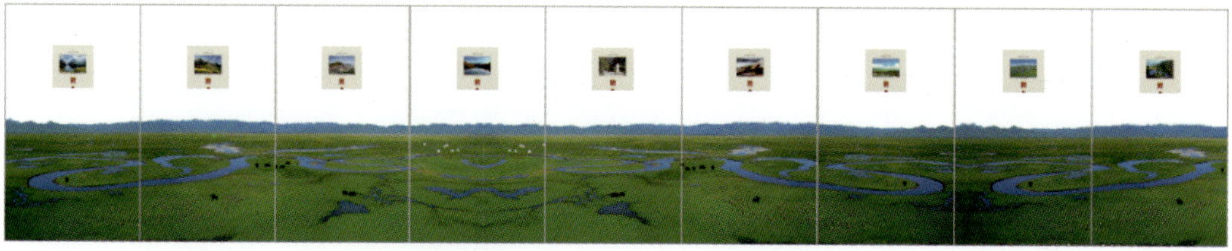

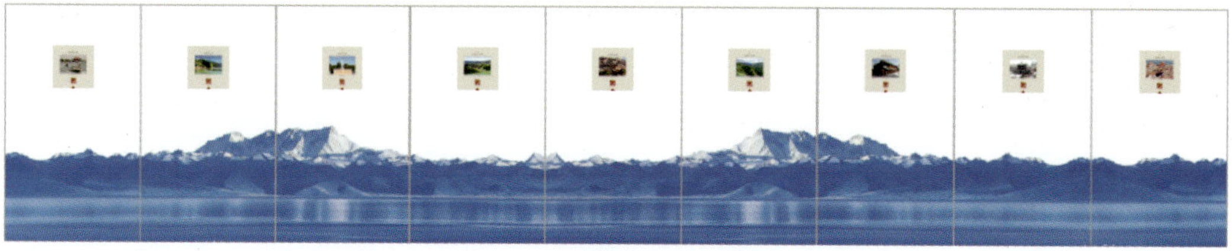

功能车 A——观光娱乐车。

配备休闲沙发、点歌系统、音响、自动麻将、棋牌等，农产品、地方特产展销，旅途卡拉 OK、扑克大赛、诗词朗诵会、下午茶时光、抖音小视频拍摄等活动，剪纸等非遗项目展示，购物、观影、麻将等休闲娱乐。使游客轻松心情，愉悦身心，开启美好的旅游节奏。

功能车 B——文化沙龙车。设置茶室、按摩座椅、书架等设施，供游客旅途中聚会、休闲品茗、阅读、观光、健身按摩，缓解长途旅程疲劳，冬天的雪景、夏天的草原森林就在身旁闪过，让游客享受身临其境的感受。

武威馆

2. 25G 型精品旅游列车

2020 年兰州局集团公司推出第二组旅游列车，通过优化客车体资源利用，打造出第二组专线车，编组 25G 型 14 辆，全列装饰主题为“中国风”，对两辆餐车进行改造装饰后作为旅游列车的功能车：一辆改造为中式风格酒吧，满足旅游途中用餐、聚会使用；另一辆拆除原有餐车布局中的座椅桌子，打造以麻将、观景、KTV 为主题的娱乐休闲功能车。

■ 编组情况

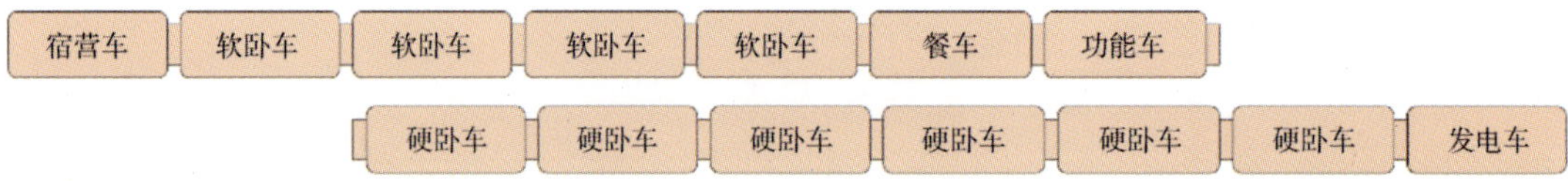

■ 整体打造风格

车身打造效果

嘉峪关
嘉峪关

敦煌

3. 高端旅游列车

2021 年，兰州局集团公司正在打造新的高端旅游列车，该列车不仅在硬件上更贴合旅居生活的要求，而且在服务上实现进一步的提升，摒弃过去旅游列车设计雷同、地域文化元素缺少、车下娱乐项目搬上列车“大篷车”的做法，朝着游客最核心的体验去前进，给予更温馨的列车管家服务，提供更好的星级酒店般车上体验，让游客得到更好的休息、放松，同时创造更加专业的“火车游”观光条件和西部地域文化体验。

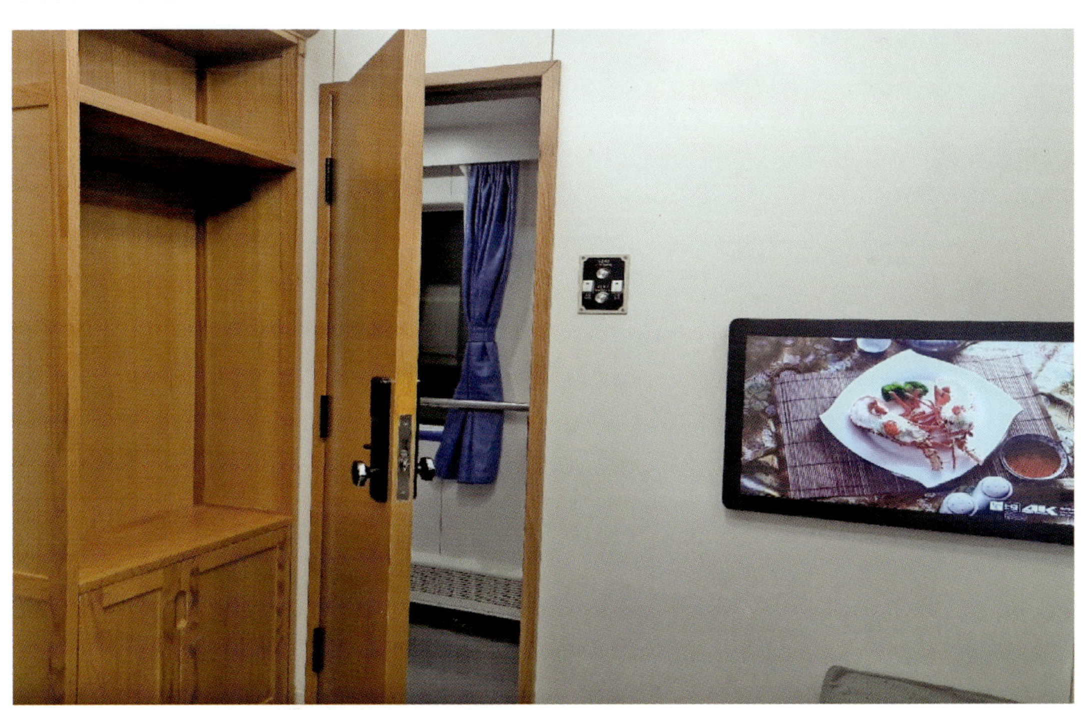

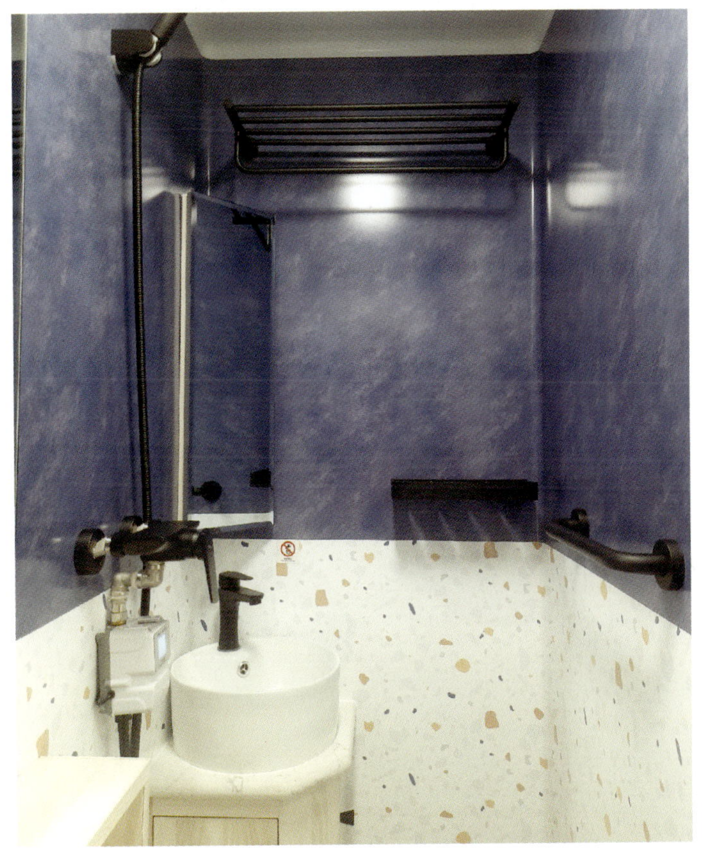

“一列车”的设计创造迎合了旅客新需求，实现了渠道驱动向产品驱动的转变。通过全列车场景体验使列车成为一道风景线；全面配套的旅游服务充分考虑了旅客出门旅行的需求；全新的开发方式实现了各种列车环线相接。

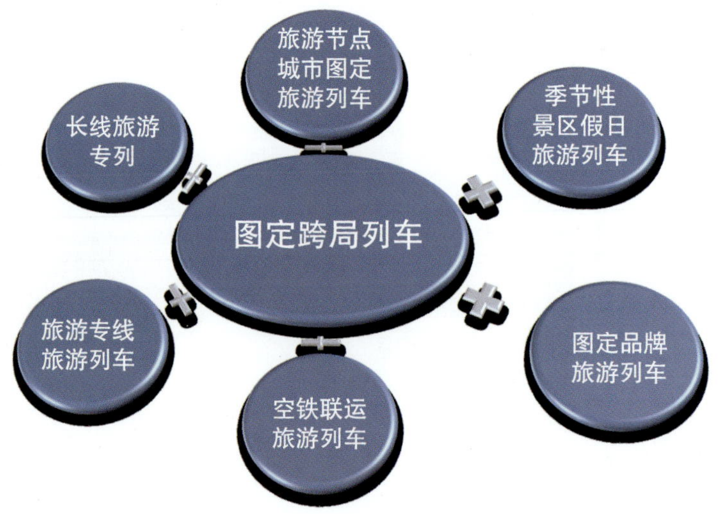

第三节 “环西部火车游”·“一张图”

“一张图”指“环西部火车游”以铁路路网串联的地方旅游图，连接各车站周边景区、沿线美景。

环西部火车旅游地图
天下雄关
嘉峪关
敦煌
月牙泉
莫高窟
七彩丹霞
张掖
金昌
武威
沙湖
银川
沙坡头
中卫
白银
西宁
兰州
六盘山
固原
平凉
崆峒山
定西
天水
麦积山
宕昌
红军长征纪念馆
陇南
万象洞
1+6+N
1 趟环西部火车旅游专列
6 条精品旅游线路
1. 华夏寻根・人文始祖——天水环线
2. 问道崆峒・养生之旅——平凉环线
3. 欢乐方特・奇幻之旅——嘉峪关环线
4. 河西走廊・西行漫记——敦煌环线
5. 陇上江南・行摄山水——陇南环线
6. 塞上江南・神奇宁夏——银川环线
N 种车次选择

一、设计思路

在现有客运产品普遍服务基础上，以旅游景点、旅游时间、行程接续作为编图标尺，设计开行于旅游交通结点之间的列车，并使列车的接续时间满足旅游接续要求，使规模化的图定列车成为旅游专线的组合基础。

二、设计说明

在双网融合建设中，最重要的是如何实现线下网的分布资源协同生产，这就是跨局合作。“一张图”的理念就是通过运行图资源共享，实现对既有客车资源的深层次开发，形成满足个性化需求的新产品。这样既可以低成本运营，又可以提供定制服务。一张图最终落脚点是跨局合作，以组团的价格为旅客提供 VIP 的待遇，从而实现吸引旅客大规模上量，其次通过列车运行图资源的共享，实现低成本的运营。通过“动车 + 慢火车”和“图定长途车 + 旅游班列”实现“快”与“慢”的结合，解决游客旅游途中的时间碎片。（时间碎片指从家到旅游目的地间或在旅游景点之间的交通时间。）

“旅游版”列车运行图的核心是在现有客运产品普遍服务基础上，利用部分列车淡季减编或停运的车体开行空调旅游专列。在小长假等旅游旺季，加大人口密集、客流需求旺盛管内地市间旅游列车开行力度。以旅游景点、旅游时间、行程接续作为编图标尺，设计开行于旅游交通结点之间的列车，并使列车的接续时间满足旅游接续要求，使规模化的图定列车成为旅游专线的组合基础。通过既有列车运行图资源的共享，将旅游列车与跨局图定列车无缝衔接，跨区域相连，方便游客的组织、出行。同时，通过运行图资源共享，实现对既有客车资源的深层次开发，形成满足个性化需求的新产品。这样既可以低成本运营，又满足了游客出行多样化的需求。基于科学铺画旅游列车运行图，可开行旅游节点城市的图定旅游列车、季节性景区的假日旅游列车、图定品牌旅游列车、空铁联运旅游列车、长线旅游专列和专线旅游列车等多样化旅游示范产品。从而优化铁路运输产品供给质量和供给结构，丰富团体和散客出行方式，方便旅客选择。从而解决“车等客”“客等车”问题，“引客上线”将游客变旅客，实现客运上量。

在实施旅游版运行图后，列车新旧交替变化带来了车体、机车及乘务人员变化的组织等工作的新挑战，各部门要重构普速客车流程，车务部门重点落实停运及新增列车的交替方案；客运部门做好售票系统和综控系统的维护工作，及时向社会公告旅客列车开行变化相关事项，做好客票发售工作；机务部门核对、落实机车及乘务交替方案，及时做好车底及机车调整工作；车辆部门研究优化客车车体的检修相关工作。结合旅游版运行图客车开行方案，充分利用周二至周四客车开行少的时机，集中力量做好动客车检修供给，减少压缩周五至周一动车组二级检修组数，提高动客车运用质量。信息部门维护好基本图、客调系统、综控系统和高铁计划系统的基础数据。

三、基本产品

1. 环线班列

环线班列利用兰新线、敦格线、兰青线、青藏线铁路开行丝绸之路河西走廊专线车小环线和甘青环线，利用陇海线、天平线、宝中线、包兰线带动当地经济发展，不定期开行兰州—天水—平凉—固原—中卫—兰州环线。开发“环西部火车游”陇东行产品系列，串联甘、宁两省区麦积山、崆峒山、六盘山、沙坡头等著名景区。

跨局长线专列也是环线班列组成的一部分，在充分考虑甘宁两省区的旅游市场情况下，打造“环西部火车游”北国风光专列、环游东方专列、大美新疆专列等系列产品。根据车体、市场情况旺季开行。

2. 专线班列

专线班列面向具体的大客户（企业、政府及旅行社等），按需向旅游景区点对点开行。主要以兰州、银川作为集散出发地开行专列。主要有“三区三州”专线、周末休闲专线、研学专线、目的地旅游循环专线四大类组织模式。

“三区三州”专线是满足地方政府大力发展当地旅游产业的诉求，积极与地方政府对接，在补贴合理的情况下开行的旅游列车。

周末休闲专线是节假日以热点城市和旅游景区为主在城市之间开行的一种季节性或者是阶段性的动车和旅游列车，如欢乐方特周末休闲亲子游、天水温泉度假游、大武口特色小火车。

研学专线是以丝路敦煌为主题的研学旅游，拓展至京津冀、环渤海湾高校研学旅游、亲子研学旅游等研学产品。

目的地旅游循环专线是以直通点对点输送 + 目的地区域地接的专列产品，是与政府合作开发的运行周期更短、运行频率更高的专列。主要有陇上行、西夏颂、最美胡杨、又见九寨系列产品。

专线班列根据客户要求，灵活开行时间，按旅游淡旺季时间合

理安排开行。

3. 图定班列

图定班列由图定旅游列车衔接组合，拉通经典旅游线路。用现有跨局长线图定列车、旅游专线车、图定旅游车作为班列基本构成，为游客提供观光、休闲等服务。

跨局长线直通混编列车是对既有大通道长线列车“切块混编”的旅游列车。通过对往年市场的了解，客源市场对北京、上海方向席位需求较大，因此在北京、上海等方向加挂 1 辆硬卧，按旅游列车办理。

管内图定旅游列车充分利用兰州局集团公司现有的图定旅游列车资源，在 Y677/8“敦煌号”图定列车上提供多层次的“火车游”服务，完善管家服务，将旅行变旅游产品。

四、“旅游版运行图”专线车设计（兰州—张掖—嘉峪关—敦煌—兰州）

兰州—张掖区间运行为 5 小时 30 分～ 7 小时，张掖—嘉峪关 区间运行为 2 小时～ 2 小时 30 分，嘉峪关—敦煌 区间运行约 4 小时 30 分。

运行线铺画考虑因素如下：

（1）河西走廊兰州—张掖沿途景色单一，白天可观赏的景观有祁连山脉、绿洲农业、戈壁无人区，容易产生视觉疲劳，为此较长时间路途宜采用夕发朝至的客运产品。

（2）夏季西部上午 10:00 点以后气温较高，不宜室外运动。

（3）其他考虑因素：施工天窗，沿途编区站通过能力，张掖、嘉峪关、敦煌站股道利用能力。

初步确定“环西部火车游”专线车为：兰州—张掖（兰州 22:10 开，张掖 5:02 到）；张掖—嘉峪关（张掖 15:00 开，嘉峪关 17:06 到）；嘉峪关—敦煌（嘉峪关 13:55 开，敦煌 18:20 到）；敦煌—兰州（敦煌 19:10 开，兰州 10:00 到）。

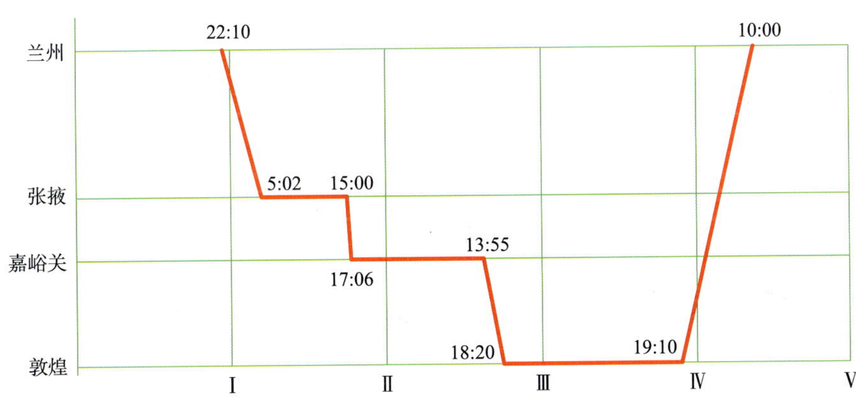

○调整后的“环西部火车游”专线车运行图

在此基础上，为进一步消除碎片化时间，在旅途中兰州—张掖间 22:30—24:00、张掖—嘉峪关间 15:30—16:30、嘉峪关—敦煌间 14:30—16:00 组织客人在功能车上进行互动（歌舞表演、丝路文化讲座、地方文化展示、棋牌比赛等），提升客人对“环西部火车游”的认知度。

专线车运行初期，发现存在三个问题：一是张掖到达时间较早；二是敦煌 19:10 开车，晚餐时间紧张；三是终到兰州后游客返程火车、航班接续时间经常紧张，必须保证正点运行，必须在压缩返程运行的时间上，保证运行图调整的冗余度。根据丝路精品旅游线路游客的旅游体验，让游客真正体验到“火车游”的轻松和休闲，进一步优化专线车旅游时间，进行调整如下：一是 5:02 到达张掖后，列车叫早时间确定在旅游出发前半小时，掌握在 6:30 左右，保证游客充足睡眠时间；二是运输部门将专线车的敦煌返兰开车时间调整为 19:30，终到兰州时间为 10:00。

第四节 “环西部火车游”·“一种游”

“一种游”是以优质的列车服务、地面美景体验，打造全新的旅居生活，实现铁路通达地区的目的地游。

一、设计思路

“一种游”把火车作为旅游开发的平台，从而打造全新的旅居生活。“一种游”通过旅游列车平台化和跨界融合，开创以线下客车网为核心，融合景区、观光、旅居等功能的旅游新业态，通过优质高效的服务和良好的旅游整体体验，吸引旅客选择乘火车旅游。定制旅游专列延伸了火车服务，通过不同场景设计及服务设计将景点、游客、旅行社串联、融合起来。

二、设计说明

1. 列车乘务服务设计说明

在经营中调查发现，基于以游客满意度为目的的服务已成为客运工作者们在运营理念下必不可少的内容。经梳理归纳“环西部火车游”游客旅行有 4 个需求定位：一是要有高质量的服务，人们从车站到列车需要尽快办理手续，做到“畅行”，二是配备餐饮服务，要有宽敞舒适的餐吧，最好有咖啡、果饮、酒水；三是要有一个安逸的休息空间，旅游空间使游客有“归属感”；四是要有服务延伸区，满足游客的延伸需求。

结合旅游列车运行线路特点、旅客成分特点及旅行主题特点，在各次旅游列车服务特色打造方面进行创新，例如为了突出“敦煌号”高品质旅游列车特色，制定了“导游式服务”“无干扰服务”“礼仪式服务”等特色服务法，让旅客在乘车过程中，感受全程优雅环

境与高标准的服务。

2. 旅游管家服务设计说明

由于火车旅游产品的特点，整个旅途有很长一段时间是在列车位移的过程中，要利用列车位移的“闲置”时间体现服务特色，做好地方文化传播，搭建西部历史与现代旅行的桥梁，从而通过这段“闲置”时间去提升运输产品的附加价值，达到为旅客创造额外惊喜的效果。全程旅游管家服务起着穿针引线的作用，基本服务包括列车服务、导游服务、旅游汽车服务、旅游住宿服务、餐饮服务、景区服务、返程服务 7 个过程。针对“一种游”

受众多为老年人的实际，做好医疗服务是游客越来越看重的安全因素。旅游管家服务不仅照顾游客旅途中的食、住、行、游、购各方面，解决旅途中遇到的麻烦，而且要使游客轻松旅游，心情舒畅。

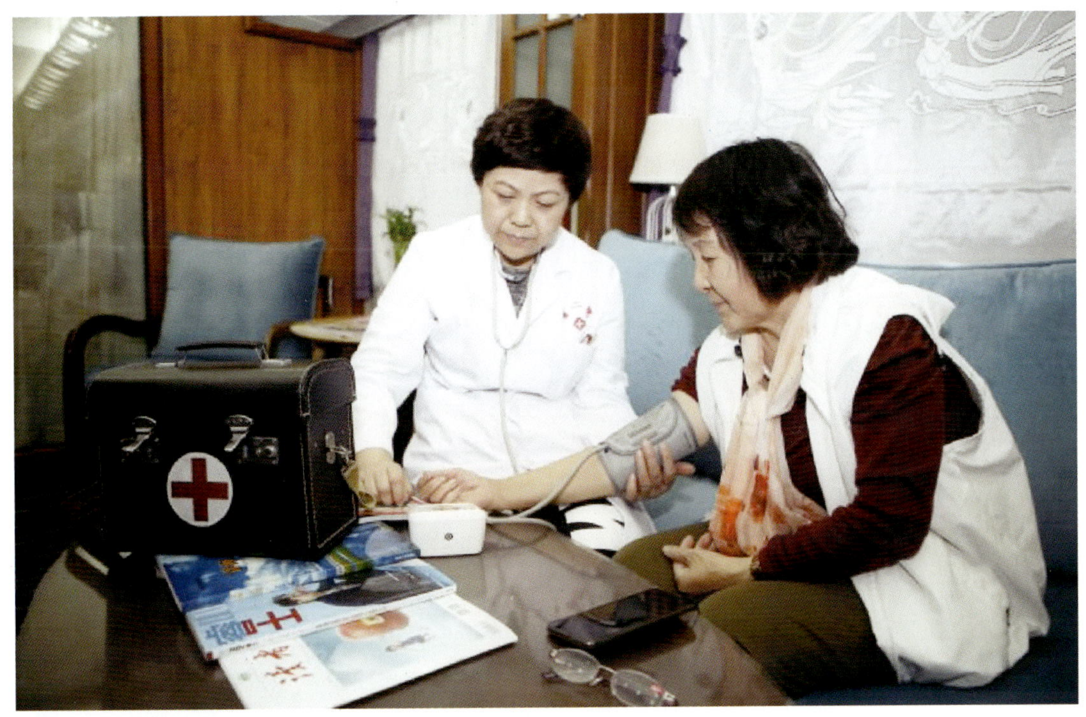

3. 列车旅游场景设计说明

理想中的“火车游”类似豪华邮轮，有演艺展示台、特色餐厅、酒吧、文化长廊、棋牌室等丰富多彩的休闲娱乐设施。良好的旅行体验依靠四维感官（触觉、视觉、听觉、嗅觉、味觉五种感官以及

交叉融合）。在走进车厢包间的时候触摸到软的床单、毛巾、窗帘会产生舒适感的认知；视觉上，车厢的亮度和房间陈列可以使用一些圆润、温暖的颜色，列车乘务员、旅游管家可穿着不同颜色的服饰，客房服务可用热情的红色系；听觉上，软硬卧车厢的环境声音应该是较安静的，而功能车的环境声音应该是适中的，酒吧车环境音乐可以是浪漫、温馨的，也可以是动感、欢乐的，依据不同的场景而定；嗅觉上，软硬卧温馨清新的味道、洗手间干净清新的香味、功能车特定熟悉的香氛都能使游客有一段美好的消费体验。这就要求对列车旅游场景进行设计。

4. 火车驿站场景设计说明

加强与当地政府和景区的深度融合，利用报废客车体资源，加快建设火车驿站、火车民宿等特色产品，实现铁路元素在地面的延伸，让报废客车体成为“环西部火车游”在景点的无轨站、广告发布点、休闲服务地面站。一是对已建成的火车驿站的餐吧和民宿继续探索运营方案，力争产生新经济效益；二是利用报废客车车体，通过租赁、合作等方式，在景区、公园打造主题文化餐厅、特色民宿、怀旧书吧和个性超市等集文创、旅客集散中心为一体的旅游服务综合体。

（1）嘉峪关方特

列车场景不仅仅运用在运行的火车上，还可以在景区中实现。在嘉峪关方特欢乐世界园区中心，坐落着利用 3 辆报废客车体打造

成的集休闲、住宿、餐吧、饮吧为一体的“方特火车驿站”，其场景涵盖火车驿站和火车民宿两大主题。其中1辆车体为餐吧、饮吧，2辆车体为火车民宿，经过精心改造和装潢，可满足旅客休闲品茗、特色住宿的需求。

中国铁路兰州局集团公司

（2）金塔胡杨林火车民宿

酒泉金塔沙漠胡杨林火车民宿项目于 2019 年底建成，使用 11 辆报废客车车体打造餐吧和火车民宿，在为游客提供餐饮、住宿服务的同时，展示和宣传铁路文化。11 辆车体中，1 辆打造为餐吧车，10 辆打造为火车民宿。

（3）吴忠利通火车夜市

吴忠市利通区开元广场西侧迎宾大道餐饮项目于 2020 年 5 月将车体摆放到位，具体建设及经营由合作方宁夏星空时光经营管理有限公司负责，主要用于餐饮服务。

夜婡巷
SS3B5057
5G

夜婡巷
YE LAI XIANG
1号火车

第五节 “环西部火车游”旅游产品设计

一、国内旅行社产品分析

国内线上、线下旅行社旅游产品大体分为两类：一是传统旅游产品“团队游”，特点是游客在指定地点、时间集合，全程跟随导游游览；二是线上“自由行”旅游市场，这是一个融合交通、酒店、景区、餐饮、旅游等多业态的新兴市场，在这个市场中纯旅游占到了极小的比例，但是“自由行”旅游产品各种组合为客户提供最大程度的自由性，旅游者可根据时间、兴趣和经济情况自由选择希望游览的景点、入住的酒店以及出行的日期。特别是旅游产业线上旅游平台推出“机票 + 酒店”业务，这种产品介于团队游和自由行之间，也叫“准自由行”，游客随团一同出发，到达目的地后自由行动，回程归队。机票、酒店价格为团购协议价，比游客独自预订便宜，旅行社从中获得差价实现利润。各旅游平台上“机票 + 酒店”旅游产品得到迅猛发展。据 360 大数据分析报告，2017—2019 年国内旅游人群中，自助游占比 48%，自驾游占比 42%，跟团游占比 5%，其他占比 5%。

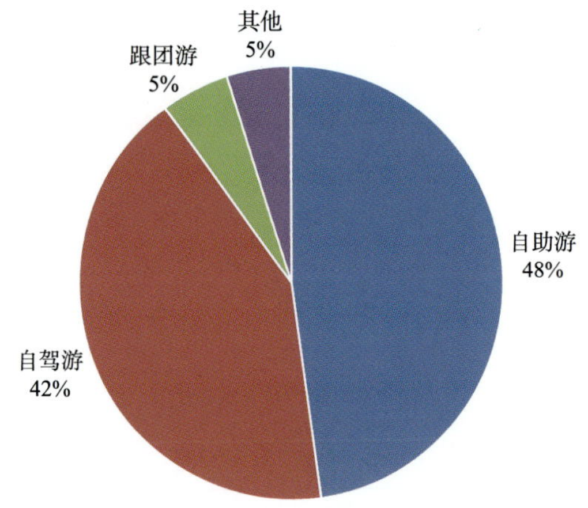

○ 2017—2019 年国内旅游人群分布

根据文旅部数据，2013—2018 年，在中国国内旅游市场中，国内旅游人次数呈现明显增长态势，且多年增速维持在 10% 以上。2018 年中国在线度假市场全自营类交易规模为 846.7 亿元，较 2017 年增长 19.3%。

在线旅游服务商提供数据显示，已经有超过 90% 的旅游消费交易发生在移动端，移动交易的便利性促使消费者逐渐从“价格驱动型”到“服务驱动型”转变，“一站式”消费日益成为主流趋势。数据显示，43% 的消费者会选择在同一平台购买“交通 + 住宿 + 门票”，其中交通票务（机票、火车票、汽车票等）用户在同一行程中交叉购买频率较高的是住宿服务、接驳交通和目的地消费等，而住宿用户在同一行程中交叉购买频率较高的则是交通票务、目的地消费及接驳交通等。因此，对于旅游专列这类提供“交通 + 住宿 + 餐饮 + 交通接驳”等服务于一体的旅游产品必将受到消费者的青睐。

2019 年，途牛网利用大数据对出行游客年龄分布的分析图中，“80后”“90 后”占比高达 71%，“70 后”占比 17%，“60 后”仅占比 6%。文旅融合时代，文化游成最受欢迎的出游主题。当前，文旅融合发展已迈入了新时代，文化渗透到旅游的众多环节和过程。与此同时也有越来越多的游客在旅游过程中了解当地文化、寻文化名人遗踪或参加当地举办的各种文化活动。

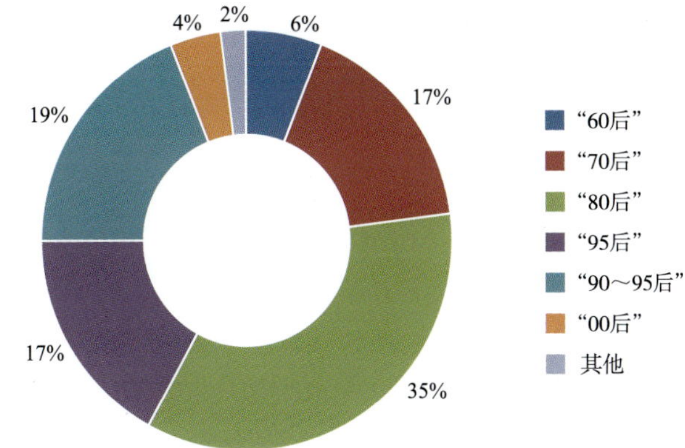

○ 2019 年途牛网出行游客年龄分布

根据调研数据，2019 年中国高端自助游用户人均出游花费 11 633.7 元，超 83% 的用户出游花费 5 000 元以上。购物是高端自助游用户出游的第一大消费支出，27% 用户在出游过程中购物消费占比最多，住宿和出行也是旅途中花费较多的部分。

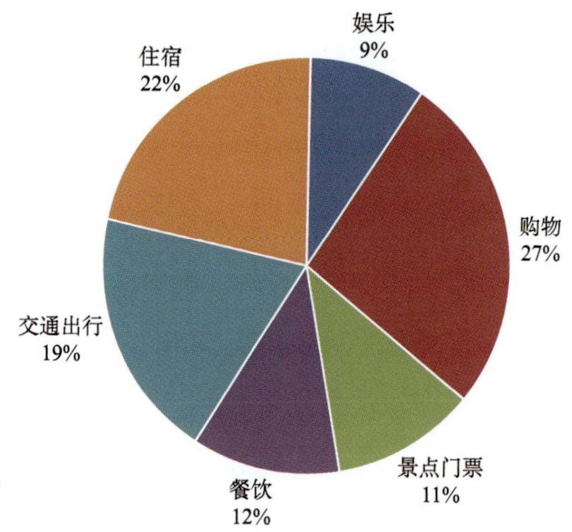

○ 2019 年中国高端自助游用户出游花费占比

据携程网数据显示，2020 年 7 月 14 日国家文旅部发布通知恢复跨省旅游以来，全国已有 4 000 多家合作旅行社在携程平台上发布国内游产品，相比跨省旅游恢复之前，数量增加了一倍。从平台合作的国内游旅行社看，80% 以上已经复工，部分出境游旅行社也开始转型经营国内游。携程定制平台上从事国内游定制的 1 000 多家供应商，超过七成已复工上线。同时，2020 年 7 月 15 日以来通过携程预订各类跟团游、定制游产品的出行人数超过 40 万。在跨省游的出行方式上，超过 70% 以上的人选择跟团游产品，相比跨省游开放之前增长超过了 150%。省心省力、全程服务的跟团游依然是旅游者的主流选择。与此同时，自由行订单人数环比增长 126%，定制游订单人数环比增长 98%。

二、产品设计

1. “专列 + 旅游”产品

借鉴国外旅游列车经验、国内兴起的线上旅行社运营模式，依托铁路运输业发展旅游列车，推出“专列 + 旅游”“专列 + 酒店”“专线 + 自由行”三种“火车游”，直接面向个体消费者，降维式切入旅游市场，可发挥旅游列车扩编上量优势，开发全新旅游市场，去获得大量的游客，增加铁路客运附加值。

“专列 + 旅游”产品是面向喜欢跟团游的消费者，该产品以高端订制专列串联环线上各景点、酒店等传统服务行业，打造旅游全程服务，让游客登上火车就开始旅游。车上建立“吃、住、行、娱”各种服务的功能模块，沿途就近停靠在景点进行各种体验、游玩，以“地上邮轮”定义“专列 + 旅游”。

“专列 + 旅游”产品重点是服务打造。体验经济时代，服务更看重于行动和承诺，而非仅仅是形象和态度，即旅客在乘车的过程中能够切实感受到和宣传描述一致的服务体现。随着运输环境的不断变化和旅客群体需求的不断发展，服务将逐渐步入整个铁路运输企业行列的前沿，将会从整体的企业产品中分离出来，从弥补运输产品不足的作用到形成与运输产品之间并列的关系，进而形成一个相互平行、相互提升的关系，最终和运输产品一样成为替顾客创造价值的重要的一部分。兰州局集团公司旅游车队经营结果调查发现，

基于以游客满意度为目的的服务已成为客运工作者们在运营理念下必不可少的内容。

2. “专列＋酒店”产品

“专列＋酒店”产品是游客可在旅行社、网上服务平台打包预订专列车票和酒店，其余的行程由游客自由安排。“专列＋酒店”的旅客跟着旅行团队一同登上旅游列车，随团享受车上一切服务，包括用餐、娱乐等其他服务。到达目的地入住指定酒店，自由行动，直到回程时，重新收编进团队。该产品是发挥旅游专列上量的资源优势，吸引社会新兴市场的商旅游客客源，结合铁路旅游推出的全新产品。其特点是游客可在实体旅行社、线上旅游平台、兰铁国旅公司自建“环西部火车游”销售渠道打包预订专列车票和酒店，其余的行程由游客自由安排。“专列＋酒店”产品定位为“环西部火车游”系列重点发展产品。

3.“专线＋自由行”产品

“专线＋自由行”产品是面向喜欢自由行的消费者，该产品基于旅游企业已有的旅游线路和“旅游版”运行图（一日一图）开发的旅游新产品。核心是以旅游景点、旅游时间、行程接续作为编图标尺，设计开行于旅游集散中心与旅游目的地之间的列车，并使列车的接续时间满足旅游接续要求。特点是旅游消费者可自由选择希望游览的景点、出行的日期和旅游列车车次。“专线＋自由行”产品定位为“环西部火车游”系列延伸产品。

国内旅行社旅游产品

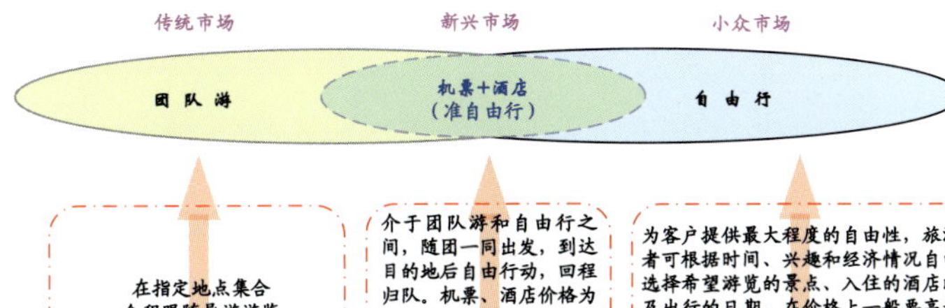

在指定地点集合
全程跟随导游游览

介于团队游和自由行之间，随团一同出发，到达目的地后自由行动，回程归队。机票、酒店价格为团购协议价，比游客独自预定便宜，旅行社从中获得差价实现利润。

为客户提供最大程度的自由性，旅游者可根据时间、兴趣和经济情况自由选择希望游览的景点、入住的酒店以及出行的日期，在价格上一般要高于旅行社的跟团产品，但要比完全自己出行的散客的价格优惠许多。

“环西部火车游”产品

专列+旅游

专列+酒店

专线+自由行

基于环线专列打造陆上邮轮。车上提供甘、宁特色的“吃、住、行、娱”服务，车下进行各种景点、美食等体验，提供旅游全程分级服务。产品定位为“环西部火车游”系列旗舰引领产品。

介于“专列”与“客车”之间，吸引社会新兴市场的半包游客客源。通过线上线下打包预订专列车票和酒店。该产品通过酒店团购协议获取利润差价，解决环线专列、专线车富裕资源，吸纳了不会跟团游的客源。

基于已有的旅游专线和“旅游版”运行图（一日一图），充分挖掘管内图定列车富裕能力，旅游者可挑选适合自己时间的旅游列车车次、出行的日期游览景点，选择自己需要的服务项目。

客运列车平台

环西部火车游·跨局长线专列：编组10～14辆

AC380V空调车体2组（按需提供）

旅游环线不饱和能力

“环西部火车”东、西环线专列未销售的铺位

○兰州局集团公司“环西部火车游”产品设计

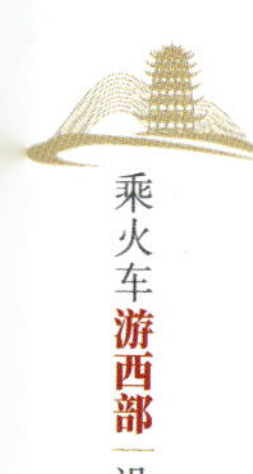

第六节 “环西部火车游”旅游产品运营保障

“环西部火车游”旅游产品的发展质量受制于旅游产品体验服务（景点、接驳、导游等）、列车旅游管家服务（客运服务质量、列车环境氛围）、运输组织服务等关键环节。过去兰州局集团公司内运输部在实施“一日一图”的过程中，充分考虑旅游班列开行工作，克服旅游结点城市车站通过能力紧张、列车接续困难、“天窗”施工等运输组织问题，按照旅游最好时刻、最佳线路编制运行图；为保证游客车票，客运部对“环西部火车游”提供解决方案，对车票需求量大的车次采取加挂车辆编组的方式解决；为保障车体、车辆部提供“环西部火车游”所需车辆；为做好产品宣传工作，宣传部制定长期宣传计划，与人民日报、新华社、中央电视台等主流媒体进行对接。在长期运营磨合中，搭建了“旅游产品服务平台”“列车管家服务平台”“生产支持服务平台”。

1. 旅游产品服务平台

在旅游产品服务平台上，铁旅公司对各旅游产品、客户特点分层次、分团体规范住宿、餐饮、交通、景点景区、购物、娱乐等服务管理标准，制定特色服务（导游、住宿、用餐、接站、送站、租车、行程设计、订票一站式服务）、接待服务（行李送站、专用候车、专用通道进出站、专用候车服务）、旅客订制服务等工作流程标准。

2. 列车管家服务平台

列车管家服务平台搭建各类旅游列车上的服务，包括高品质的专线车、图定旅游列车的客运服务和旅游管家服务，列车上的内饰、外皮、广播、视频播放，车站的专用通道、贵宾室服务等。

3. 生产支持服务平台

在铁路局集团公司层面上成立生产支持服务平台，负责日常的生产组织，包括运行图铺化、车体准备、票务组织、日常行车指挥、12306 售票销售、融媒体营销宣传等。

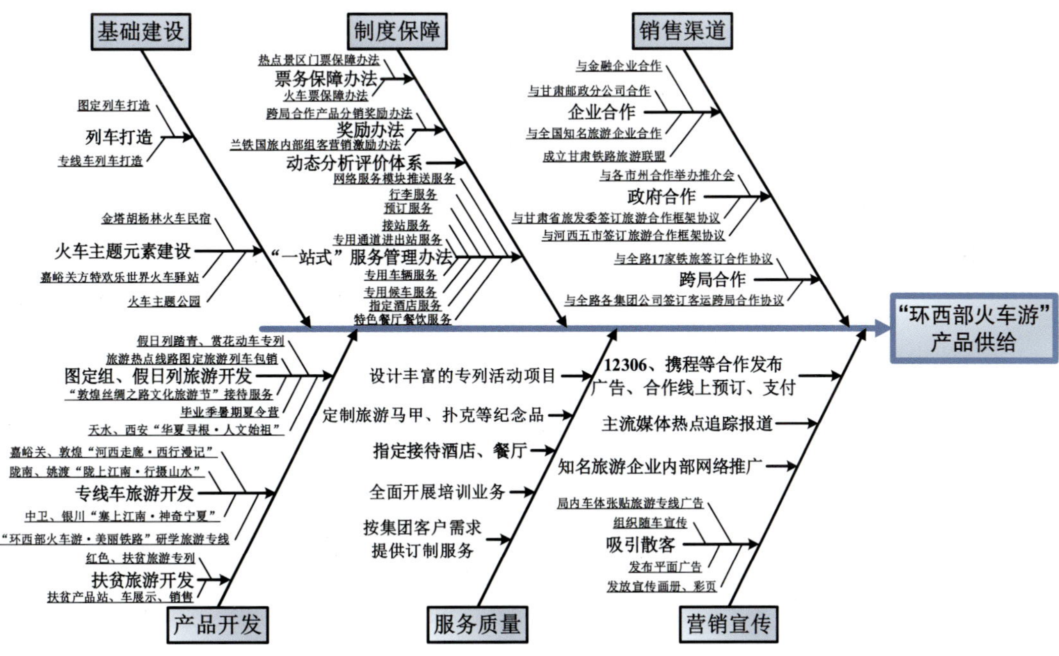

○“环西部火车游”运营保障鱼刺图

第七节 “环西部火车游”旅游产品经营销售

一、“环西部火车游”初期运营销售

“环西部火车游”产品初期销售与全国其他铁路旅行社企业产品一样，主要依靠大客户、渠道商。在实际操作中，大客户存在不可靠性，在客运部门统计中，“环西部火车游”专线车 Y801 次客座率在旺季有几列仅为 1.2%。对于图定的旅游专列组织难度较大。

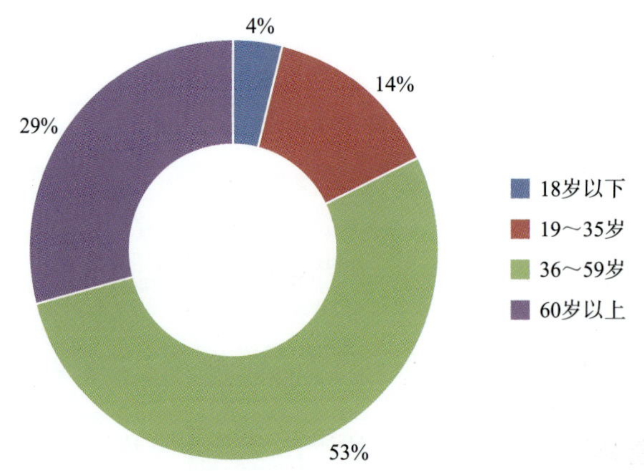

○ 2018 年“环西部火车游”专列游客年龄分布

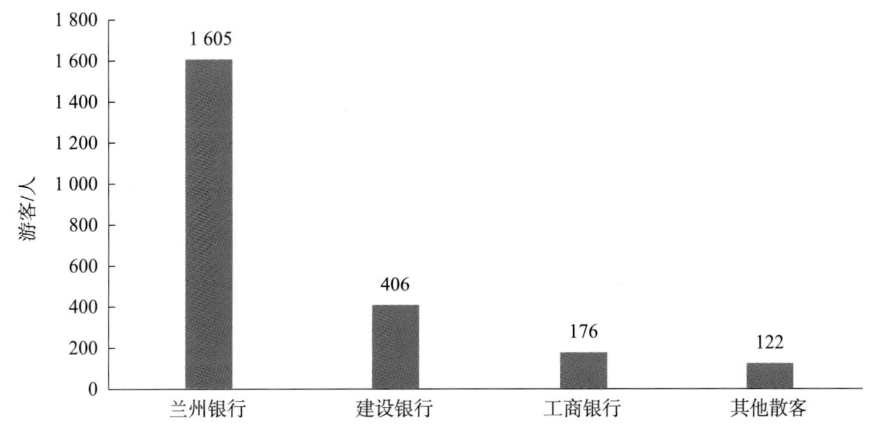

○ 2018 年“环西部火车游”兰州—张掖—嘉峪关—敦煌专列游客主要组织情况

“环西部火车游”初期销售重点在“环西部火车游”专线列车，客户基本面向政府、金融企业、大的旅游客商等大客户。产品也是按照企业定制旅游要求集中精力做好线路、吃、住、行、游的工作。兰州局集团公司专线车扩编、扩组、扩环、直通列车旅游模块等使得旅游列车能力得到显著提升，旅游专列产品将走向大众化。与企业大客户合作模式、与各地旅行商建立拓展产品销售渠道，实现面向游客的大规模定制。面向企业订单定制生产模式已不能满足广大受众“多样化、个性化、定制化”需求。

二、“环西部火车游”经典丝路线专列经营情况

伴随着移动互联网渗透率的进一步提升以及居民旅游意愿的不断增加，未来线上以个人为中心的旅游是大势所趋。

甘肃省敦煌旅游客群呈现散客化趋势，在关注团游客户的同时，“专列＋酒店”“专列＋自由行”旅游方式或与散客化趋势有较大贴合度，值得关注。线下营销模式的受众群体目前以旅游列车传统的“夕阳红”客户群为主，从前述分析可见，属于敦煌号游客的小众部分。对于国内游客群体，年龄段以“70 ~ 90 后”为主，占比达到 70% 左右。故线上营销是主流，切合旅游客流的主要受众群体。铁路旅游在发挥传统营销优势的同时，应重点关注线上营销方式。对于“专列＋酒店”类产品，携程和途牛的优势是其成熟的酒店资源，但火车票都依赖互联网的公开资源，无其他途径。

而对铁路旅游企业而言，“图定车转旅游专列”类产品是其独有资源，有一定的市场认知度和稀缺资源吸引力，可以此为核心与携程、途牛等旅游企业商谈合作事宜。当某旅游 App 和铁路合作，双方合作的产品就具有了“稀缺火车票＋成熟酒店”的资源整合，对其他旅游类 App 形成竞争优势，这应是“专列＋酒店”类产品的切入点。

乘坐火车去旅游的群体发展趋势呈散客化，“专列＋酒店”与旅游市场有较大贴合度。旅游专列类核心资源产品，有一定的市场认知度和稀缺资源吸引力。建议铁旅企业在做大传统团游客户的同时可以与国内线上旅游平台合作进行磨合探索，待成熟后，充分发挥 12306 平台运营主体作用，旅游专列平台，区别于普通旅客列车客运运输产品，销售旅游专列产品。2021 年 3 月 12306 平台加入“铁路游”板块，“环西部火车游”丝路线作为第一批上线产品，得到了市场超预期的反应。铁路旅游企业由传统的线下销售向线上销售转型。

第八节 “环西部火车游”精品线路

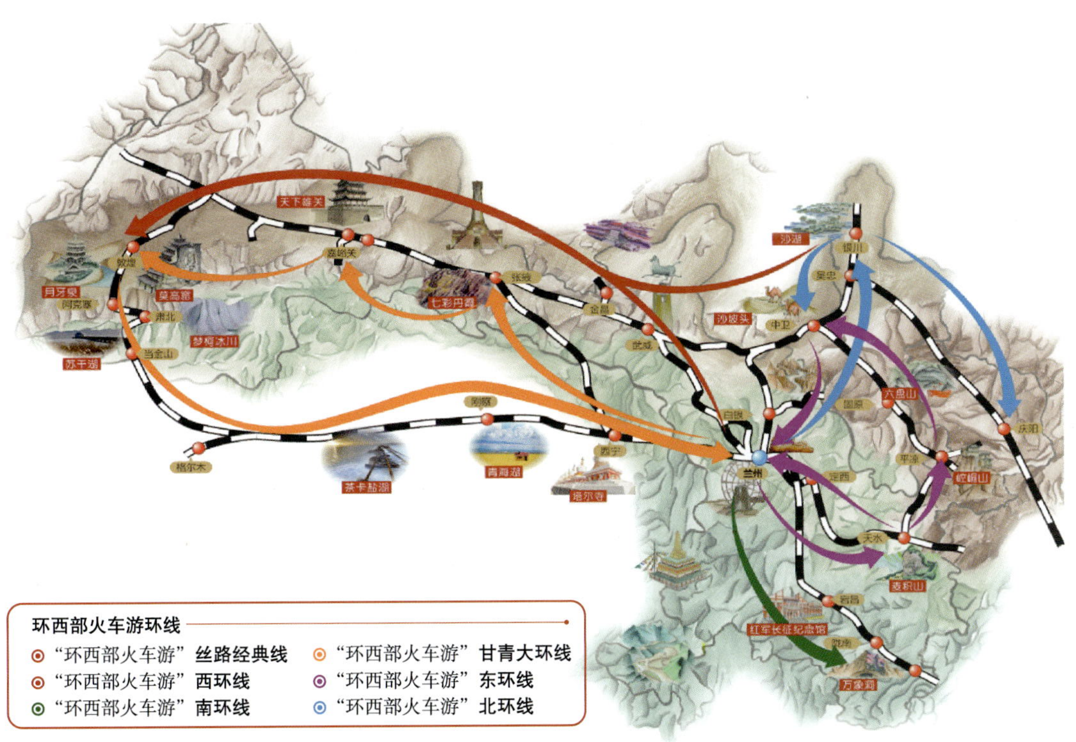

"环西部火车游"经典丝路线：兰州—张掖—嘉峪关—敦煌—兰州。

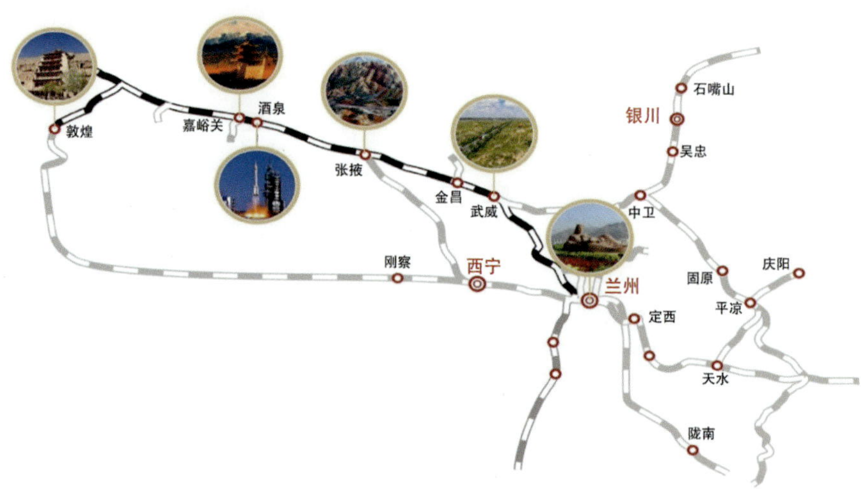

“环西部火车游”甘青大环线：兰州—张掖—嘉峪关—敦煌—茶卡—西宁—兰州。

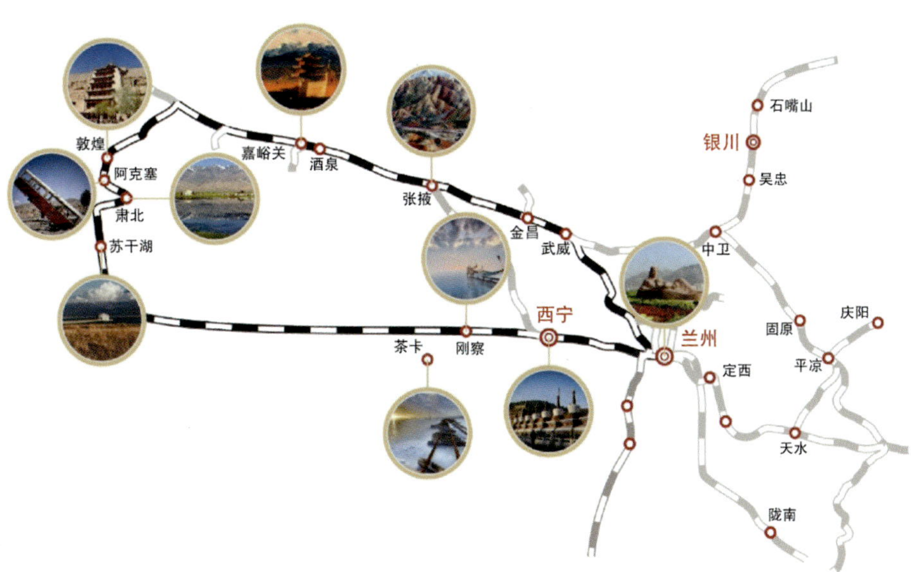

“环西部火车游”东环线：兰州—天水—兰州。

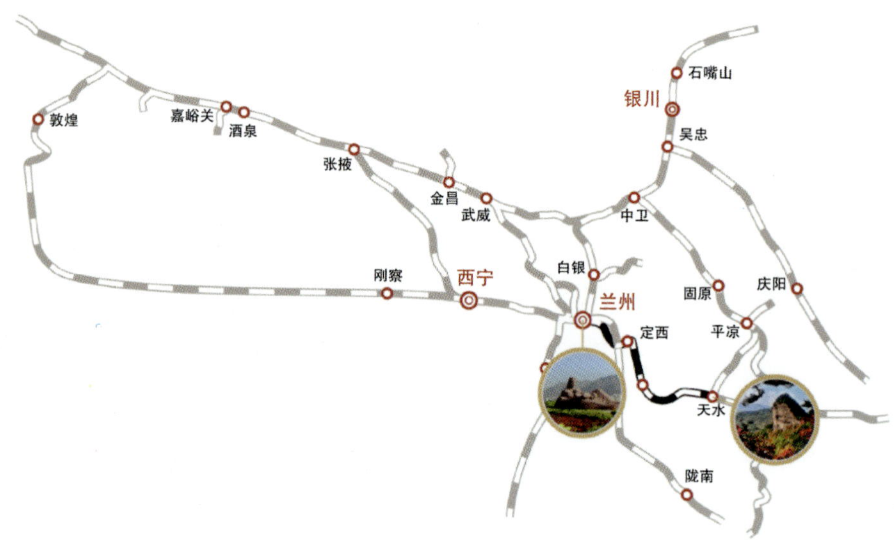

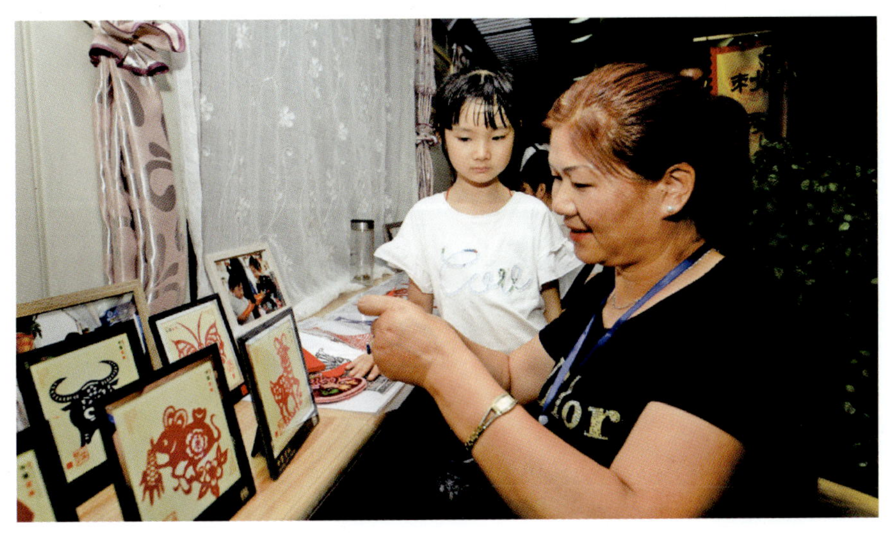

“环西部火车游”南环线：兰州—哈达铺—陇南—青木川—兰州。

泰安解放纪念馆
渭源县苏维埃政府纪念馆

第四章

“环西部火车游”未来之发展

——打造旅居生活，实现客运增量

“环西部火车游”的本质是让乘坐火车变成一种人民群众喜欢的生活方式。

“环西部火车游”旅游品牌的孕育、发展、成熟始终围绕“一列车·一张图·一种游”进行。但在品牌提升、系列产品开发中也是在构建西部旅游和铁路交通融合、拓展系列火车旅游产品、建立“火车游”营销销售渠道，扩大受众面、有效的协同指挥调度等方面不断摸索前行。经过几年发展的不断沉淀，虽经历新冠肺炎疫情，但发展势头不减。依托“环西部火车游”

丝绸之路专线高端车、25G 型长线旅游专线车、“混编列车”（图定列车）三大平台，下一步要做到两个融合：与铁路客运提质相融合，打造旅居生活；与甘肃旅游特色相融合，实现客运增量。

1. 与铁路客运提质相融合

（1）旅游线路开辟与列车开行相融合

以甘肃省内短线游、周边游、乡村游、亲子游、假日游、研学游等打造“环西部火车游”精品。按照开行旅游节点城市之间的图定旅游列车、季节性景区的假日旅游列车、图定品牌旅游列车、空铁联运旅游列车和专线旅游列车 5 种列车形式编制列车运行图，将兰州作为铁路旅游集散中心，作为“环西部火车游”系列旅游产品出发地，实现“动车 + 慢火车”和“图定长途车 + 环线专列”二者“快”与“慢”的结合。

（2）客运服务与旅游服务相融合

坚持优化产品结构和市场导向，准确把握旅客需求结构升级的趋势，实现服务品质全面跃升。打造高速、普速谱系化“环西部火车游”系列产品作业、服务标准。以时速 250 公里、160 公里两个不同速度等级动车组在宝兰客专、兰新高铁、兰渝铁路、银西高铁开行短线点对点旅游产品，组织普速客运旅游产品“慢游”体验。以打造“高端豪华版、品牌增强版、普客升级版”为抓手，实现服务规范标准全面落实，差异化、个性化服务全面推开。

（3）客票与旅游产品销售相融合

将“环西部火车游”的“火车 + 旅游”“专列 + 酒店”“专

线+自由行”三种火车游产品，面向传统旅游线下旅游企业的同时，要大力推进“铁路客票+”，通过12306平台实现旅游专列产品上线销售。

2. 与甘肃旅游特色相融合

（1）结合甘肃各地旅游资源和历史文化，营造出更多的“移动的甘肃”的列车场景，借助交响丝路厚重多彩的文化魅力，开发出更多符合“文化兴、生态美、百姓富”的“火车游”旅游产品，打开车门迎接旅客。以打造甘肃的舒适运载平台为理念，打造甘肃的“陆地邮轮”，营造出适合甘肃长线旅游特点的不同“火车游”场景。在设计、文化、环境等多元素人文体验上，将典型的祁连雪山、大漠风光、敦煌文化等地方自然风光、民俗文化、历史遗迹的旅游资源与列车出行体验相结合，在列车上开辟住宿、旅行外的博物馆、书吧、观景台等第三空间。

（2）打造“星级宾馆车”，升级“列车+茶道、娱乐、按摩、宾馆、美食”等旅途体验平台；同时为不断提升旅途中安全性、私密性等品质，实现“把星级宾馆搬到火车轮子上”，形成穿越美丽甘肃的“流动宾馆”，实现“环西部火车游”的生活、观景、旅游主要旅居场景。让游客旅行空间自由舒适，车窗观景，沿途美景尽收，漫步车厢，穿越千年丝路文化；下车游玩，感受西部的粗犷。

（3）实施“请进来”战略。通过跨局、跨区域合作扩大产品范围；通过政府搭建平台，强化与客源地旅游企业的合作，提升市场美誉度；通过“走出去”达到“请进来”的目标。

附录　旅游管家服务手册

发团前
准备工作
发团准备
接站服务
专列服务
其他保障服务
用餐服务
地接服务
景区服务
酒店服务
送　站
返程服务
订　票
信息反馈

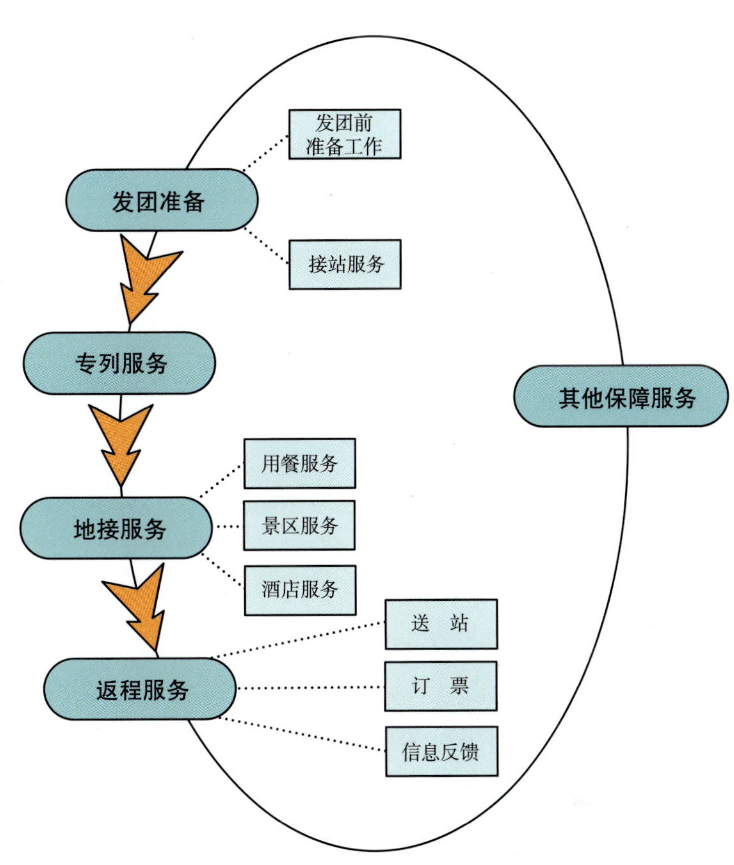

1. 旅游管家全程服务

（1）出发：游客在“环西部火车游 ”专线列车专用候车厅候车，车站放行后组织游客安全有序前往站台上车。

（2）专列管家服务：告知游客功能车活动时间及次日集合时间，组织游客在餐车观看歌舞表演。在站台组织客人集合，举牌引领游客出站。

（3）专属导游服务：引领游客出站乘坐大巴，到达宾馆，为游客分房，组织游客用餐等。

2. 发团前准备工作

（1）检查团队计划（核实游客数量、男女人数、夫妻关系、孩子人数（1.2 米以下和以上数量）、客人是否有团长、房间数量、有没有加床、有没有单人需要拼房、用餐有无特殊要求、有没有客人过生日、地陪导游的姓名和电话，充分了解行程，了解张掖、嘉峪关和敦煌的概况和景点情况）、导游旗、导游证、自己的身份证件。

（2）与客人联系（核实集合时间及地点），并叮嘱游客务必随带有效身份证件（儿童随带有照片的户籍证明或户口本）和日常用品；给游客发送信息如下：

亲爱的游客您好，我是您本次“环西部火车游”的旅游管家兼领队：

×××, 电话：×××××××××××。

您参加的此次旅行将于 × 月 × 日 22:10 在兰州出发，在此我们祝愿您本次旅行开心、快乐！温馨提示如下：

① 请您务必于今晚 21: 00 前抵达兰州火车站 (城关区兰州火车站)，在站前广场铜奔马下集合。②您是 ×× 团，集合时请寻找 ×× 团团旗及工作人员。③出行时请您随身携带身份证、老年证等有效证件、常用药品、防晒用品及雨具。④您的贵重物品请务必随身携带，以免发生遗失。

× 月 × 日，张掖天气，气温 ×℃~ ×℃。

× 月 × 日，嘉峪关天气，气温 ×℃~ ×℃。

×月×日，敦煌天气，气温×℃~×℃。

请您参考天气，备好衣物，做好防晒防雨准备，在旅途中若您有问题请随时和我联系，我将竭力为您解决，再次祝您旅途愉快！

（3）与地陪导游提前联系，询问导游在哪里接团，有什么注意事项。

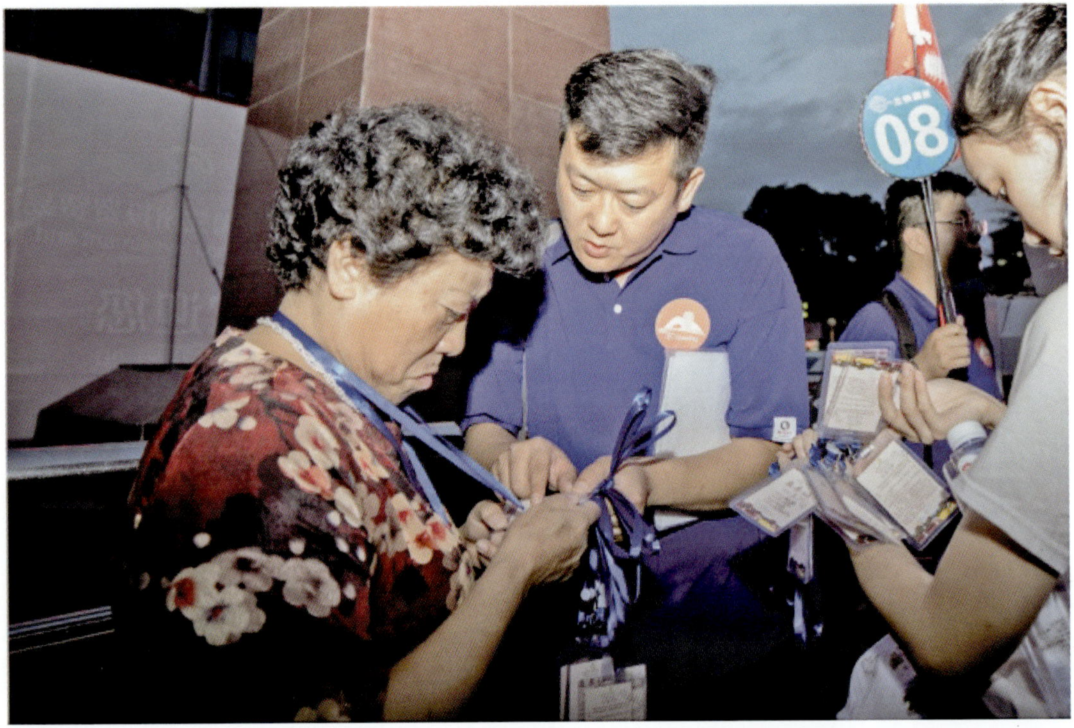

3. 出团当日流程

（1）20:30 举导游旗和牌子在火车站铜奔马前等候客人，所有必备物品绝对不能遗忘。

（2）全陪导游逐个核对游客名单，并给客人发放乘车牌，给晚到的游客打电话，了解情况，并统计迟到的人员数量。在大多数人到齐后，带领游客进站候车，由工作人员继续等待迟到游客，与游客一起进站，如果有特殊情况，比如预计赶不上车的游客，全陪导游要及时汇报给总领队和计调人员，讨论后续处理办法。

（3）游客从专属进站口进站，在专用候车室候车，在多数游客都坐定后，在候车室向游客介绍“环西部火车游”车体和功能车情况，告诉游客在功能车举行活动的时间和车厢号。

（4）全陪导游带领游客进站上车，在各车厢内清点自己团队游客人数，所有游客到齐后，向领队汇报。在列车开车后，逐个包厢向客人问好，了解客人情况，有什么需要，告知明天列车抵达时间、注意事项、大件行李不用带下车，功能车活动时间和车厢号。

（5）与张掖地陪导游联系，告知最新了解的游客信息有没有变动，明天接团的一些注意事项，开几桌用餐。在活动开始前，全陪导游再次逐个包厢邀请客人前去功能车。

晚 22:30—23:00，功能车开始活动，主要内容是主持人致欢迎词，对“环西部火车游”产品及列车功能车做简单介绍，行程内每天游程的分解介绍（景点尽可能介绍简单，可以设置

一些疑问）；行程中其他常见的、必须引起注意的事项（如景区安全、出入安全、卫生等）；邀请列车工作人员跳舞，最后邀请游客体验功能车。

4. 专列上的服务

（1）上专列后全陪导游第一时间在各车厢内清点自己团上的游客人数，所有游客到齐后，向领队汇报。

（2）列车开车后，逐个包厢向自己团上的游客问好，了解客人情况，确认客人拼房情况、有什么需要，告知下一站列车抵达时间、约定集合的车厢、注意事项、功能车活动时间和车厢号。

（3）在功能车活动开始前，全陪导游再次逐个包厢邀请客人前去功能车。

（4）组织游客在功能车厢开展活动。

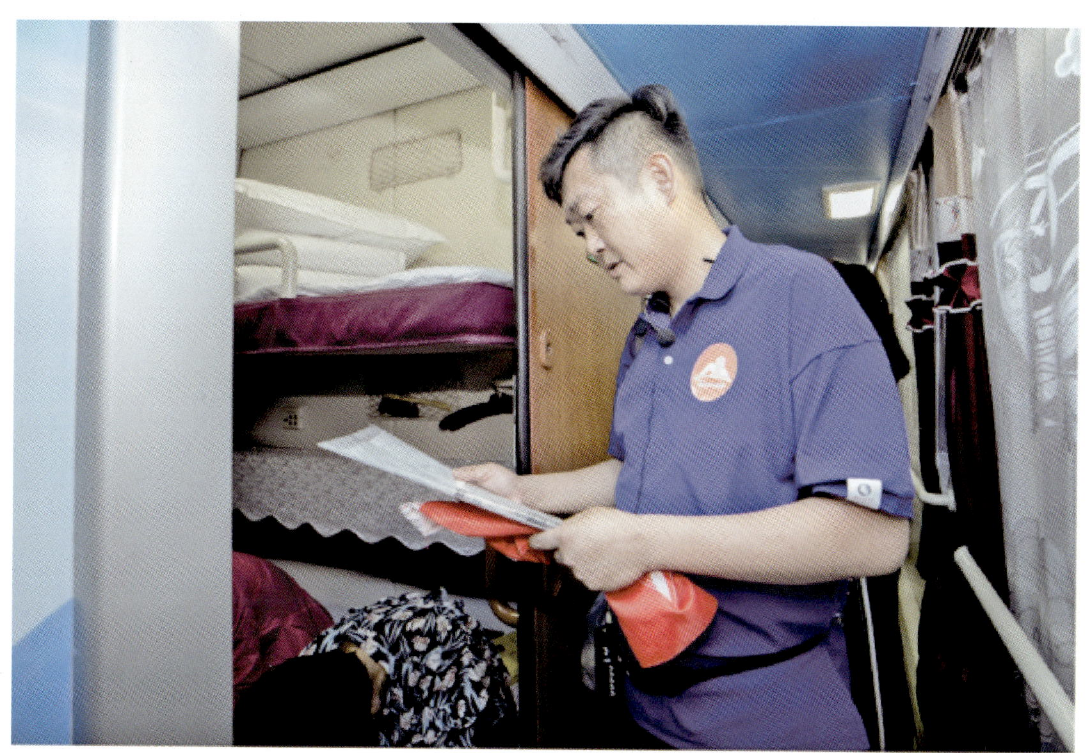

5. 专列抵达时的服务

（1）举导游旗和牌子在约定的列车车厢下集合，清点人数、提醒客人行李齐不齐。在游客全部到齐后，举牌引领游客出站，与地陪导游见面。

（2）地陪导游在前面引领客人赴停车场，全陪导游走在最后，帮助老年游客或身体不适的游客，并防止游客掉队。

（3）在张掖第一站上旅游大巴车后，协助地陪导游清点人数，待人数清点完毕后，全陪导游先拿话筒给游客正式致欢迎词，介绍自己是全陪导游，全程为大家服务，介绍全程安排、并向客人提出团体旅行的要求：

① 守时；

② 安全注意事项；

③ 相互谦让，老年人和晕车的游客坐在前面；

④ 用餐分几桌，游客自行组合，但是固定好座位后不要再随意更换；

⑤ 告诉游客自己的联系电话，方便游客在遇到困难时随时联系；

⑥ 介绍地陪导游。

6. 用餐服务

（1）早餐

协助游客落座，并逐桌再次提醒固定用餐位置，吃早饭的过程中，要起来一次看游客的用餐情况，看要不要加主食，提醒客人赴张掖

丹霞地质公园车程要 1 小时左右，用完餐后可以去方便一下。待游客用完餐后，要逐桌检查客人有没有落下的物品，然后观察卫生间还有没有自己团上的游客，做好时间提醒。在旅游大巴车门口等候客人，看客人都上车后，自己上车，从前往后清点人数，告知导游人齐之后，大巴开动。

（2）正餐

协助游客落座，用餐过程中地接导游和全陪导游要各起来一次，逐桌给游客介绍并协助游客落座，逐桌给游客介绍特色菜品，看菜有没有上够，主食够不够，询问客人口味等。待游客用完餐后，要逐桌检查客人有没有落下的物品，然后观察卫生间还有没有自己团上的游客，做好时间提醒。在旅游大巴车门口等候客人，看客人都上车后，自己再上车，从前往后清点人数，告知导游人齐之后，大巴开动。

7. 景区服务

（1）协助导游收身份证、老年证等证件，发放矿泉水。

（2）导游去买门票，全陪导游组织半价门票游客和全价门票游客分两列排队。

（3）地陪导游在前面带领客人进景区，全陪导游垫后陪同游客在景区游览，同时注意团队中老年人、身体不适的游客，以便随时提供帮助，对不守时的游客做好时间提醒。

（4）全陪导游要走在团队最后，根据约定的集合时间，做好收尾工作。地陪导游走在最前面，在景区出口等候游客，并告诉早到的游客大巴车停车位置，记录团上有多少人出去，等全陪导游出来的时候，告诉全陪导游大约还有多少人在景区。然后，地陪导游到旅游大巴车停车位，清点已经到达的游客，并电话告知在景区出口的全陪导游，还有多少人没有到。全陪导游清点好最后在景区门口的游客，沿途注意观察有没有购物的游客，提醒游客集合时间，不要迟到。全陪导游要在约定时间到达大巴车停车位，与地陪导游一起清点人数，给迟到的游客打电话。

（5）在游客到齐后，乘大巴车离开景区。对迟到的游客可以开玩笑，让表演节目等缓和其他等待时间较长的游客的情绪。

（6）夏季天气炎热，一定要求司机在客人上车前提前开空调，给车内降温。

（7）在导游讲解过程中，配合导游，讲解中出现的问题不要当游客面指出，要在私下跟导游指正，提出要求。

（8）全陪导游要和地陪导游核对行程，问一下第二天的行程，如有出入马上协商，不要遗漏景点。

8. 入住酒店服务

（1）在专列上要及时整理掌握到的游客拼房信息，要多少间房、有没有加床等，并与下一站导游及时联系。

（2）全陪导游和地陪导游拿游客身份证到酒店前台办理入住手续，全陪导游将房号登记到游客住房分配表上。

（3）在分房前请游客在酒店大厅集中，全陪导游告知游客明天叫早、早餐和出发的时间，早餐地点、入住酒店的注意事项（检查房间设备有没有问题、看清物品是否有标价再使用，有免费标记的矿泉水可以使用、洗澡时一定要把防滑垫铺上、外出时拿酒店名片防止迷路、周边可以转的小吃街和商务区、再次提醒自由活动的安全注意事项、全陪导游的房间号等）。讲完注意事项后给游客发房卡。

（4）游客进入房间后，全陪导游逐个给游客打房间电话查房，询问房间有没有问题，空调温度是否适宜，如果房间有问题酒店不能维修的要及时与酒店沟通，更换房间。

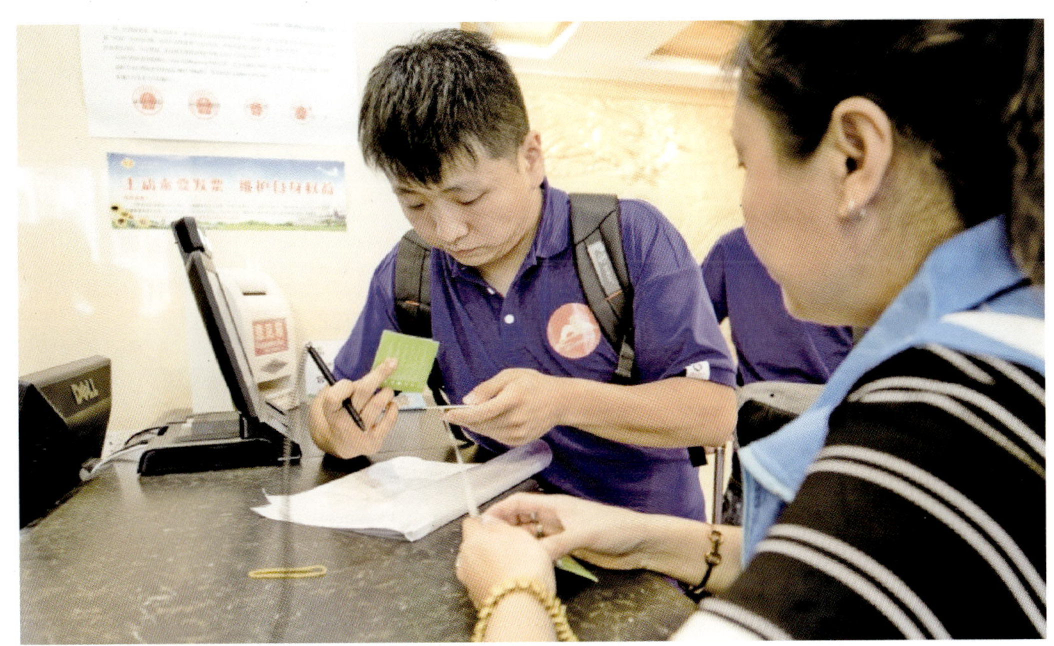

9. 退房服务

（1）全陪导游要早于早餐时间 10 分钟抵达酒店早餐处，迎接游客用早餐，提醒检查物品有没有落在房间，同时收客人的房卡。把收到的房卡交给地陪导游退房。游客的大件行李可提前协调酒店集中放在前台由礼宾看管，用完早餐后取行李。

（2）地陪导游退房时，将酒店查房信息告知全陪导游，没退房

卡的，由全陪导游根据住房分配表找游客退房卡；有物品落在房间的，通知游客去取；有使用付费物品的，通知游客在前台付费；有物品损坏或房卡丢失的，跟游客联系，按酒店价格赔偿，如游客不认，要缓和气氛，避免游客与前台发生争吵，及时与总领队汇报，为了节约时间，可让地接旅行社与酒店协调处理。

（3）全陪导游在大巴车跟前协助年龄大或行动不方便的游客放大件行李。

（4）离开酒店前，地陪导游要再次提醒检查物品有没有落在酒店，告知今天的行程安排。

（5）全陪导游要告知游客之后的行程中还须使用身份证，所以暂时由全陪导游保管，待不用时，发给游客。

10. 送站服务

（1）送站时，地陪导游走在队伍前面，全陪导游走在最后，帮助老年游客或身体不适的游客，并防止游客掉队。

（2）在火车站站前广场集合后，全陪导游带领团队先过安检，带领游客进专用候车室（如果团队中老年人较多，全陪导游要协助游客通过安检）。

（3）全陪导游要给客人介绍“环西部火车游”专用候车席位，等车站开始放行时，组织游客集合，清点人数，提醒检查有没有物品落在候车室，然后举牌引领游客上车。

11. 返程服务

（1）返程时在专列上要逐个包厢向自己团上的游客道别，征求游客的意见，并填写游客意见反馈表，提醒游客下车时检查自己的物品。

（2）下车后全陪导游向游客告别，发送告别信息如下：

亲爱的游客朋友您好，我是您本次“环西部火车游”的旅游管家兼领队 ×××，我们此次的行程已经圆满结束，感谢您几天以来对我们工作的支持和配合。我们希望您未来再次选择兰铁国旅的旅游产品。祝愿您身体健康，工作顺利，每天都有一个好心情！期盼与您下次再会。

（3）按规定将团队情况向公司领导作简要汇报，尽快结清账款，书写带团小结。

12. 特殊情况

（1）给游客退款问题。如果在当地由地陪导游退款，要让客人打收条，全陪导游签字；如果返回兰州后退款，让地陪导游给游客打条，全陪导游签字，并拍照，发给公司计调人员，待客人返程后退款。

（2）有生病的游客，全陪导游要陪同客人去县级以上正规医院看病，如病情严重要及时向总领队和计调人员汇报，并与病人家属联系，随时汇报病人治疗过程，将病人的资料、票据等留好。

（3）如游客发生意外受伤，要马上陪同客人去县级以上正规医院处理，并报旅行社游客出险，协助客人留存好各种病历资料和票据。

（4）如游客因故离团，需要游客写离团说明，游客、地陪导游和全陪导游三方签字。

13. 全陪导游特色服务

（1）照顾游客旅途中的食、住、行、游、购各方面，解决旅途中遇到的麻烦，与地陪导游互相合作，提供优质服务，务必使游客轻松旅游，心情舒畅，并尽最大努力，发挥监督职责，维护旅行社及游客的切身利益。

（2）与地陪导游多沟通，多交流，每天的行程了然于胸，遇到问题及时解决。

（3）及时了解游客们的意愿，并协助地陪导游满足游客正当的愿望，满足不了的，要及时向游客说明原因，并请游客谅解。

（4）按照行程安排严格执行，监督地陪导游和地接社，按照双方确认的各项标准及质量要求认真操作，保障游客权益。与行程不相符时，要及时干预，并征询游客与地陪导游的意见，如果游客提出加点或与行程不符的要求，必要时可以请游客代表另外签字证明。